이번엔
영어다!

0 순위

스크린
영어회화

이번엔 영어다! 0순위·스크린 영어회화

초판 1쇄 인쇄 2019년 10월 7일
초판 1쇄 발행 2019년 10월 17일

지은이	박신규
발행인	임충배
홍보/마케팅	양경자
편집	조은영
디자인	여수빈, 정은진
펴낸곳	도서출판 삼육오 (PUB.365)
제작	(주)피앤엠123

출판신고 2014년 4월 3일
등록번호 제406-2014-000035호

경기도 파주시 산남로 183-25
TEL 031-946-3196 / FAX 031-946-3171
홈페이지 www.pub365.co.kr

ISBN 979-11-90101-12-7[13740]
© 2019 Pub.365 & 박신규

이 도서의 국립중앙도서관 출판예정도서목록 (CIP)은 서지정보유통지원시스템 홈페이지 (http://seoji.nl.go.kr)와
국가자료공동목록시스템 (http://kolis-net.nl.go.kr)에서 이용하실 수 있습니다. (CIP제어번호: CIP2019035145)

이번엔
영어다!

박신규 지음

0순위·스크린
영어회화

:::::: Pub.365

현 장에서 다양한 분들을
접하면서 영어 회화를 강의하다 보면 자주 받게 되는
질문이 하나 있습니다. **'어떻게 하면 영어 회화를 잘 할 수 있을까요?'**입니다.
딱 한 마디로 대답하기 쉽지 않은 질문이라 좀 주저됩니다. 하지만 오랫동안 영어 회화를 강의하다 보니
제대로 된 답변을 줄 수 있어 나름대로 기쁩니다. 저의 대답은 **'사람과의 대면입니다.'**라고요. 지금도 그렇게 대답하고
있고 앞으로도 똑같이 대답할 겁니다. 이게 무슨 뜻일까요?

영 어 회화 공부를 하다 보면 다양한 패턴과 표현을 접하게 됩니다. 때로는 배울 게 너무 많아 부담으로 다가오기도
하죠. 어떤 패턴과 표현을 배워서 사용해야 할지 망설이게 됩니다. 여러분들이 영어 회화를 배우는 이유는 바로 내가
앞으로 만나게 될 다양한 외국 사람들과의 관계 속에서 자신의 의사를 영어라는 언어로 편하게 전달하기 위함입니다.
대화를 혼자서 하시나요? 아니죠. 누군가가 반드시 옆에 있어야 합니다. 그래야 대화라는 것이 비로소 이루어지게 됩니
다. 영어 회화 공부도 마찬가지입니다. 아무리 좋은 패턴과 표현을 배웠더라도 해도 대면을 할 수 있는 기회가 없으
면 머릿속에서 쉽게 사라지게 됩니다. 기억도 잘 나지 않을뿐더러 금방 잊어버리게 됩니다. 저한테 영어 회화를 배우는
분들 대부분이 이런 경험을 하고 있습니다. 이런 문제를 해결하기 위해 이번에는 **'이번엔 영어다! 0순위 스크린 영어 회
화'**라는 제목으로 책을 집필했습니다. 영화나 미국 드라마를 보면 짧은 표현의 대화를 주고받으면서 이루어지는 것을
보게 됩니다. 이 책의 특징이 바로 여기에 있습니다. 마치 내가 드라마나 영화 속에 등장하는 주인공처럼 대화를 할 수
있도록 구성했습니다. **총 12개의 주제로 구성**했습니다. 두 남녀의 대화지만 만남부터 시작해서 작별까지 하나의 미니
드라마처럼 내용이 서로 연결되어 있습니다. 네이티브들이 일상생활 속에서 자주 사용하는 패턴과 표현을 적절하게 섞
어서 하나의 주제를 정해, 마치 얘기 나누듯 대화를 꾸몄습니다.

어떻게 하면 영어 회화를 잘 할 수 있을까요?

사람과의 대면입니다.

좀 더 세련되고 멋있는 영어 회화를 구사

하고 싶은 여러분들에게 '이번엔 영어다! 0순위 스크린 영어 회화' 교재를 적극적

으로 추천합니다.

다시금 말씀드립니다.

영어 회화는 다양한 사람들과의 관계 속에서 이루어지는 대면이 가장 확실한 방법이라는 것을요! 이번 기회에 스스로

주인공이 되어 이런 상황에서는 어떤 영어 패턴과 표현들이 사용되는지 눈여겨보면서 하나하나 익혀 나아가기를 바랍

니다. 강사의 바람이기도 합니다.

아무쪼록 영어 회화에 목말라 있는 분들에게 조금이나마 '0순위 스크린 영어 회화'책이 도움이 되었으면 합니다. 끝으로

이런 멋진 책이 출간될 수 있도록 도움을 주신 Pub.365 사장님과 관계자 여러분께 진심으로 감사드립니다.

저자 박신규

Contents

학습방법

Step 01

12개 스크린 회화

12개 주제별로 구성된 스크린 회화!
스토리를 따라 자연스럽게 학습하거나 관심 있는 주제부터
쏙쏙 골라 학습해도 좋습니다.
생동감 있는 학습으로 능률이 UP UP!

Step 02

저자 집필 대본

Nice to meet you, too. May I ask your name?

Sure. I'm Cindy. I'm from New York. What about you? How should

I'm Sam Park. You can call me Sam. I'm from Chicago.
I was born and raised in Chicago.

Sam Park? Is your father Korean or s

패턴을 끼워 맞추기 위한 억지 상황 회화는 이제 그만!
저자가 직접 집필한 스크린 대본으로 리얼한 상황을 제시
하는 것은 물론 재미까지 더한 0순위 스크린 영어회화!
학습 효과를 UP UP!

스토리를 따라 자연스럽게 학습하거나 관심 있는 주제부터 쏙쏙 골라 학습해도 좋습니다.
영어 회화에 꼭 필요한 필수 패턴 100개와 표현 70개를 0순위 스크린 영어회화로 마스터!

Step 03

패턴 100 & 표현 70

패턴 100 Have a... ~하세요

작별 인사로 네이티브
a good day. Have a

표현 70 See you aro

ex Have a good on
Have a good we
Have a nice trip

작별 인사말큼 다양
만남의 아쉬움을 두

Short Conversation

Ⓐ **Have a good on**
Ⓑ You too. Catch y

ex See you later.
Catch you lat
So long.

Short Conversation

Ⓐ I'm afraid I sh

Step 04

필수어휘

couldn't help -ing ~을 멈출 수가 없었다   play a grea
be gifted with ~의 재주가 있다   in one's free(=leisure
surf the net 인터넷 검색하다   travel alone 혼자 여행하

스크린 회화에 나온 주요 어휘를 정리했으니 놓치지
말고 학습하세요. 스크린 회화를 보며 패턴과 표현, 어
리얼한 상황의 스크린 회화를 보며 패턴과 표현, 어
휘까지 잡을 수 있는 기회!

Step 05

스크린 회화 복습

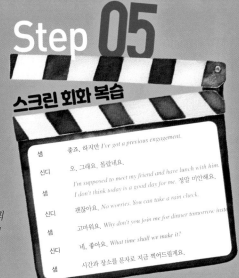

샘	좋죠. 하지만 *I've got a previous engagement.*
신디	오, 그래요. 몰랐네요.
샘	*I'm supposed to meet my friend and have lunch with him.* 정말 미안해요. *I don't think today is a good day for me.*
신디	괜찮아요. *No worries. You can take a rain check.*
샘	고마워요. *Why don't you join me for dinner tomorrow insta*
신디	네, 좋아요. *What time shall we make it?*
샘	시간과 장소를 문자로 지금 찍어드릴게요.

앞서 학습한 스크린 회화를 복습하는 단계입니다.
우리말 대본에서 제시된 영어 대사를 보고 우리말로 바꿔
말해보세요. 반대로 영어 대본의 우리말 대화를 보고 영어
대사로 바꿔 말을 하다 보면 어느새 영어 자신감 UP UP!

QR코드를 찍어
원어민의 음성을
들어보세요!

U N I T

만남

다음 말을 영어로는 어떻게 표현할까요?

1 (누군가를 처음 만났을 때) 만나서 반가워요.

_____

2 뭐라고 부를까요?, 어떻게 부르면 되죠?

_____

3 시카고에서 태어나고 자랐어요.

_____

4 이제 가봐야겠네요.

_____

5 조심히 가세요.

_____

대사

샘

신디

상황설명 샘은 뉴욕에서 온 신디를 우연히 만나게 됩니다.
어색한 분위기 속에서 가벼운 대화가 오고 가죠.

안녕하세요.

표현 **01**

안녕하세요. 만나서 반가워요.

패턴 **01**

저 역시 만나서 반갑습니다. 이름을 물어봐도 될까요?

패턴 **02**   표현 **02**

물론이죠. 신디예요. 뉴욕에서 왔어요. 이름이 어떻게 돼요? 뭐라고 부를까요?

샘 박이에요. 샘이라 부르셔도 돼요. 시카고에서 왔습니다.
시카고에서 태어나고 자랐어요.

패턴 **03**

패턴 **04**

샘 박? 혹시 아버지께서 한국분이세요?

네, 맞아요. 아버지께서는 한국분이지만 어머님은 미국분이에요.

패턴 **05**

오, 그래요. 실은, 작년에 한국에 갔다 왔는데 올해 한 번 더 방문할 생각이에요.

… 다음 페이지에 계속 …

Sam

Cindy

Hello.

Hi. Nice to meet you.

Nice to meet you, too. May I ask your name?

Sure. I'm Cindy. I'm from New York. What about you? How should I address you?

I'm Sam Park. You can call me Sam. I'm from Chicago.
I was born and raised in Chicago.

Sam Park? Is your father Korean or something?

Yes, that's right. My father is Korean, but my mother is American.

Oh, I see. Actually, I went to Korea last year and I'm planning to visit once again this year.

··· Continued on next page ···

샘

신디

표현 03
괜찮은 생각이네요. 솔직히, 한국에 가본 적은 없지만 아버지로부터 한국에 대해 많이 들었어요.

패턴 06

패턴 07
오, 정말요? 기회가 되면, 한국에 대해 많은 얘기를 듣고 싶어요.

패턴 08
알겠어요. 나중에 얘기해 드리죠. 이제 가봐야겠네요. 얘기 잘 나눴어요. 잘 가요.

표현 04
저 역시 얘기 잘 나눴어요. 조심히 가세요.

Sam

Cindy

That sounds good. Honestly, I've never been to Korea, but I've heard a lot about it from my father.

Oh, really? If I have an opportunity, I would like to hear a lot about Korea from you.

Okay. I'll let you know later. I'm afraid I should get going now. Nice talking to you. Bye.

Nice talking to you, too. Take care.

---

address 부르다, ∼라고 호칭하다　**be born and raised** 태어나고 자라다
or something ∼이든가 뭔가, 혹시　**honestly** 사실은, 실은　**opportunity** 기회　**get going** 지체 없이 진행하다, 가다

Pattern Practice

 01 **May I ask your...?** ~을 물어봐도 될까요?

누군가를 만나게 될 때, 상황에 따라서는 개인적인 질문을 하게 되죠. 이름이 될 수도 있고 전화번호가 될 수 있어요. 다시 말해서 공손하게 뭔가를 묻고 싶을 때 사용하는 패턴이에요.

May I ask your name?	이름을 물어봐도 될까요?
May I ask your phone number?	전화번호 물어봐도 될까요?
May I ask your new address?	새 주소 물어봐도 될까요?

Short Conversation

Ⓐ Excuse me, **may I ask your phone number?**

Ⓑ Of course, here is my name card.

Ⓐ 미안하지만, 전화번호 물어봐도 될까요?

Ⓑ 물론이죠, 여기 제 명함이에요.   * name card 명함

 02 **I'm from...** ~에서 왔어요, ~ 출신이에요

해외여행을 하다 보면 Where are you from?(어디서 왔어요?)이라는 질문을 받게 되는데요, I'm from...으로 간단하게 대답할 수 있어요. 여기서 주의할 점은 상대방에게 사적인 질문을 하고 싶다면 Do you mind if I ask you some personal questions?(사적인 질문 좀 해도 될까요?)처럼 말을 건네는 게 예의상 좋아요.

I'm from South Korea.	한국에서 왔어요.
I'm from Italy.	이탈리아에서 왔습니다.
I'm from London.	런던 출신이에요.

Short Conversation

Ⓐ Hello. I'm Tony. I'm from Sydney. What about you?

Ⓑ Hi. I'm Maria. **I'm from Italy.** Nice to meet you.

Ⓐ 안녕하세요. 토니예요. 시드니에서 왔어요. 당신은요?

Ⓑ 안녕하세요. 마리아예요. 이탈리아에서 왔습니다. 만나서 반가워요.

I was born and raised in... ~에서 태어나고 자랐어요

자신이 태어나고 자란 곳을 언급할 때 be born and raised를 사용해요.
전치사 in 다음에는 태어나고 자란 장소만 넣으면 되죠.

> **I was born and raised in** Seoul.   서울에서 태어나고 자랐어요.
> **I was born and raised in** Sydney.   시드니에서 태어나고 자랐어요.
> **I was born and raised in** Tokyo.   도쿄에서 태어나고 자랐어요.

Short Conversation

Ⓐ **I was born and raised in Seoul.**
Ⓑ Oh, really? I was born in Hawaii, but I was raised in Denver.

Ⓐ 서울에서 태어나고 자랐어요.
Ⓑ 오, 그래요? 전 하와이에서 태어났지만, 덴버에서 자랐어요.

* 태어난 곳과 자란 곳이 서로 다를 때는 문장 중간에 등위접속사 but(그러나)을 넣어 표현하면 됩니다.

 ...or something? 혹시 ~?

확실하지 않지만 자신의 생각 따위를 조심스럽게 말하고자 할 때 or something을 문장 끝에
붙여 표현합니다.

> Is your father Korean **or something**?   혹시 아버지께서 한국분이세요?
> Are you Japanese **or something**?   혹시 일본인이세요?
> Are you on a date **or something**?   혹시 데이트 있어?

Short Conversation

Ⓐ Jane, you're all dressed up. **Are you on a date or something?**
Ⓑ Yeah, that's right. That's why I need to look good.

Ⓐ 제인, 쫙 빼입었네. 혹시 데이트 있어?
Ⓑ 응, 맞아. 그 때문에 예쁘게 보여야 해.

I'm planning to... ~할 생각이에요, ~할 계획이에요

미리 계획해두거나 생각해 둔 일을 언급할 때 사용해요.
숙어로 be planning to+동사원형은 '~할 생각이다', '~할 계획이다'입니다.

> **I'm planning to** call him back. 　　그에게 다시 전화 걸 생각이에요.
> **I'm planning to** travel alone. 　　혼자 여행할 생각이야.
> **I'm planning to** visit New York. 　　뉴욕을 방문할 계획이에요.

Short Conversation

Ⓐ Sam, what are your plans for tomorrow?
Ⓑ Well, **I'm planning to travel alone**.

Ⓐ 샘, 내일 계획이 뭐야?
Ⓑ 글쎄, 혼자 여행할 생각이야.

 I've heard a lot about- from... ~로부터 -에 대해 많이 들었어요

누군가를 소개받게 되면 먼저 서로 통성명을 나누게 되는데요, 이때 친한 친구나 다른 지인을
통해 이미 상대방에 대한 얘기를 들은 상태라면 대화하기가 훨씬 수월하게 되죠.

> **I've heard a lot about** New York **from** Tony.
> 　　　　　　　　　　토니로부터 뉴욕 얘기 많이 들었어요.
>
> **I've heard a lot about** Tokyo **from** my teacher.
> 　　　　　　　　　　선생님으로부터 도쿄에 대해 많이 들었어요.
>
> **I've heard a lot about** you **from** my close friend.
> 　　　　　　　　　　친한 친구로부터 당신 얘기 많이 들었어요.

Short Conversation

Ⓐ Nice to meet you. I'm Cindy.
Ⓑ Hello. I'm Sam. **I've heard a lot about you from my close friend**.

Ⓐ 만나서 반가워요. 신디예요.
Ⓑ 안녕하세요. 샘이에요. 친한 친구로부터 당신 얘기 많이 들었어요. 　　* close friend 친한 친구

패턴 07 I would like to... ～하고 싶어요

본인 스스로 하고 싶은 일이 있을 때가 있어요. 적극적으로 표현해야 하죠. 숙어로 would like to+동사원형은 '～하고 싶어요'로 want to+동사원형보다는 좀 더 공손한 뜻을 전하게 됩니다.

ex **I would like to** ask you something.　　　　　뭔가 물어보고 싶어요.
　　I would like to see you again.　　　　　　　다시 뵙고 싶어요.
　　I would like to introduce Tony to you.　　토니를 당신에게 소개하고 싶어요.

Short Conversation

Ⓐ David, **I would like to ask you something**.
Ⓑ Okay, go ahead. What is it?

Ⓐ 데이비드, 뭔가 물어볼 게 있어요.
Ⓑ 알았어요, 물어봐요. 뭔데요?

* 구어체에서 What is it?은 상황에 따라 다양한 의미를 가져요. 물건 따위를 가리키며 '그게 뭐야?', 근심 걱정이 있는 상대에게는 '왜 그래?', '무슨 일 있어?'로, 대화를 요청하는 사람에게는 '뭐 때문에 그러시죠?'의 뜻처럼 사용할 수 있어요.

패턴 08 I'm afraid I should... 유감스럽지만 ～해야겠어요

상대방에게 뭔가 원치 않은 바를 언급해야 할 경우 사용하는 패턴이에요.
즉, 긍정적인 내용보다는 부정적인 내용을 어쩔 수 없이 얘기하고자 할 때가 더 적절해요.

ex **I'm afraid I should** leave early.　　　　유감스럽지만 일찍 떠나야겠어요.
　　I'm afraid I should say goodbye.　　　　　작별을 고해야겠군요.
　　I'm afraid I should get going now.　　　이제 가봐야 할 것 같은데요.

Short Conversation

Ⓐ **I'm afraid I should get going now**.
Ⓑ So soon? Anyway, nice seeing you.

Ⓐ 이제 가봐야 할 것 같은데요.
Ⓑ 이렇게 빨리요? 아무튼, 만나서 반가웠어요.

Expression Practice

 표현 **01** Nice to meet you. 만나서 반가워요.

누군가를 처음 대면하게 되면 제일 먼저 인사를 나누게 되는데요, 만나서 반갑다든지 이름은 어떻게 되는지 말하게 되죠. 전에 알고 지냈던 사람이 아닌 초면일 경우 '만나서 반가워요.'라는 뜻으로 사용됩니다.

> ex I'm glad to meet you. 만나서 반가워요.
> Pleased to meet you. 만나서 기뻐요.
> It's my honor to meet you. 만나 뵙게 되어서 영광입니다.

Short Conversation

Ⓐ Hello. **Nice to meet you**.
Ⓑ You too.

Ⓐ 안녕하세요. 만나서 반가워요.
Ⓑ 저도요.

표현 **02** How should I address you? 뭐라고 부를까요?, 어떻게 부르면 되죠?

인사를 건넨 후 통성명을 나누게 되는데요, 상대방을 어떻게 호칭해야 할지 몰라 좀 당황스러울 때가 있어요. 이때 동사 address(호칭하다)를 사용합니다. 성과 이름을 뭐라고 불러야 할지를 말하는 거예요.

> ex What should I call you? 호칭은 어떻게 부를까요?
> May I have your name? 이름을 여쭤봐도 될까요?
> Would you mind telling me your name? 성함 좀 말씀해주시겠어요?

Short Conversation

Ⓐ Excuse me, **how should I address you?**
Ⓑ I'm Sam Park, but you can call me Sam.

Ⓐ 실례지만, 뭐라고 부를까요?
Ⓑ 샘 박인데요, 하지만 샘으로 부르셔도 돼요.

* **address** 호칭하다. ~라고 부르다

03 # That sounds good. 괜찮은 생각이네요.

상대방의 제안이나 생각에 긍정적인 답변을 주고 싶을 때 사용해요.
즉, 자신의 생각으로는 그렇게 해도 괜찮겠다는 뜻을 전하는 거예요.

ex Sounds good.   좋아요.

Great.   좋아요.

I'd love to.   좋아요.

Short Conversation

Ⓐ Why don't we wait here?

Ⓑ **That sounds good.**

Ⓐ 여기서 기다리는 게 어떨까요?

Ⓑ 괜찮은 생각이네요.

* 의문사 why를 이용해서 Why don't we+동사원형? 이라고 하면 '~하는 게 어때요?'에요.
  뭔가를 함께 하자는 제안의 뜻이 포함되었어요.

04 # Take care. 조심히 가세요.

작별 인사로 사용할 수 있는 표현이 다양한데요, 그중에 하나가 바로 Take care.예요. '살펴보다',
'돌보다'라는 뜻이죠. 이 말이 격의 없는 인사말로는 '조심히 가세요.'라는 의미랍니다.

ex Take it easy.   잘 가요.

See you.   안녕.

Catch you later.   나중에 봐요.

Short Conversation

Ⓐ Well, I should get going now. See you later.

Ⓑ Okay. **Take care.** Have a good one.

Ⓐ 응, 이제 가야겠어요. 나중에 봐요.

Ⓑ 알았어요. 조심히 가세요. 좋은 하루 보내요.

U
N
I
T

안부

1 이게 누구예요!

_____

2 여전히 건강해 보여요.

_____

3 말이라도 고마워요.

_____

4 전 수영이 젬병이라.

_____

5 시간과 장소만 얘기해 주세요.

_____

대사

샘

신디

상황설명 신디와 헤어지고 오랜 시간이 지난 후 우연히 다시
만남을 가진 샘은 반갑게 신디에게 안부를 건넵니다.

표현 **05**　　　　　　　표현 **06**

이게 누구예요! 신디 아니에요? 오랜만이에요.

표현 **07**

샘? 다시 만나서 반가워요. 그동안 어떻게 지냈어요?

잘 지냈죠. 신디는요?

패턴 **09**

최근에 일 때문에 정신없었지만, 지금은 좀 여유가 생겼어요.

표현 **08**

다행이에요. 예전이나 지금이나 변한 게 하나도 없군요.
여전히 건강해 보여요.

패턴 **10**　　　　　　패턴 **11**

말이라도 고마워요. 지난 몇 달 동안 운동하고 있었거든요.

패턴 **12**

오, 그래요? 어떤 운동 하고 있었는데요?

수영도 하고 요가도 하고 그랬어요.
재충전하기에는 운동이 제일 좋은 방법 같아요.

네, 맞아요. 사실 전 시간이 없기 때문에 오랫동안 운동을 안 하고 있었거든요.

패턴 **13**

몰랐네요. 그러면 저와 함께 수영하는 게 어때요?

… 다음 페이지에 계속 …

Sam

Cindy

Look who's here! Cindy? I haven't seen you for ages.

Sam? Good to see you again. How have you been?

I have been doing well. What about you?

I've been busy with work lately, but I'm kind of free now.

Good. You haven't changed a bit. You still look healthy.

Thank you for saying that. I've been exercising for the past few months.

Oh, really? What kind of exercise have you been doing?

I have been swimming and doing yoga. I think exercising is the best way to refresh myself.

Yes, that's right. In fact, I haven't been exercising due to having no time.

I didn't know that. Then why don't we swim together?

··· Continued on next page ···

샘

신디

패턴 ⑭
좋아요, 하지만 전 수영이 젬병이라.

패턴 ⑮
걱정 말아요. 괜찮다면 제가 수영하는 거 가르쳐 드릴게요.

표현 ⑨
고마워요. 그러면 시간과 장소만 얘기해 주세요.

알았어요. 전화번호 가르쳐주면, 나중에 연락할게요.

패턴 ⑯
제 명함 여기 있어요. 아무 때나 전화해도 돼요. 아, 이제 가봐야겠네요.

표현 ⑩
만나서 반가웠어요.

표현 ⑪ 표현 ⑫
저도요. 좋은 하루 보내세요.

Sam

Cindy

Sounds good, but I'm not good at swimming.

Don't worry. If you don't mind, I'll teach you how to swim.

Thanks. Then you name the time and place, please.

Okay. If you let me know your number, I'll call you later.

Here is my name card. You can call me anytime. Well, I should go now.

Nice seeing you.

Same here. Have a good day.

---

for ages 오랫동안   healthy 건강한   exercise 운동하다   refresh oneself 재충전하다, 원기 회복하다
due to ~때문에   be not good at ~을 못하다   name 언급하다, 말하다

Pattern Practice

패턴 09 **I've been busy with... lately.**

최근에 ~로 정신없었어요, 근래에 ~ 때문에 정신없었어요

최근에 들어와서 어떤 일이나 상황 때문에 정신없던 때가 있을 거예요.
이 패턴을 사용하죠. 부사인 lately는 '근래에', '최근에'라는 뜻이에요.

ex **I've been busy with** work **lately.**   최근에 일 때문에 정신없었어요.
    I've been busy with my project **lately.**   요 근래에 프로젝트 때문에 너무 바빴어.
    I've been busy with school **lately.**   최근에 학교 다니느라 정신없었어.

Short Conversation

Ⓐ Tony, it's been so long. What have you been up to?
Ⓑ Hi, Ashley. **I've been busy with school lately.**

Ⓐ 토니, 진짜 오랜만이네. 뭐 하고 지냈던 거야?
Ⓑ 안녕, 애슐리. 최근에 학교 다니느라 정신없었어.   * lately 최근에

패턴 10 **You still look...**   여전히 ~해보여요, 아직 ~해보여요

상대방의 모습을 보고 어떠해 보여라는 뜻을 전할 때 사용해요. 자동사인 look 다음에는 보통
형용사가 나오죠. 물론 –ed처럼 과거분사가 따라 오기도 해요. 여기에 부사 still(여전히, 아직
도)를 넣어 자신의 생각을 표현할 수 있어요.

ex **You still look** healthy.   여전히 건강해 보여요.
    You still look young.   아직 젊어 보여요.
    You still look tired.   아직도 피곤해 보이는데.

Short Conversation

Ⓐ I think **you still look young** for your age.
Ⓑ Oh, yeah? Thanks.

Ⓐ 나이치고는 아직 젊어 보이는 거 같아요.
Ⓑ 오, 정말? 고마워.   * for one's age 나이치고는

* 상대의 외모를 보고 칭찬하는 말 중에 '나이보다 젊어 보인다.'가 있어요. 듣기 좋죠.
  영어로 look young for one's age예요. 전치사 for(~에 비해서)를 사용하죠.

패턴 11 Thank you for... ~에 감사합니다, ~해줘서 고맙습니다

상대방의 언행에 대해 감사함을 표현할 때 사용하죠. 간단하게 줄여서 Thanks for...라고도 해요. 전치사 for 다음에는 명사(구)나 동명사가 나옵니다.

ex **Thank you for** saying that. 말이라도 고마워요.
Thank you for having me. 초대해줘서 감사합니다.
Thank you for your hospitality. 환대해줘서 고맙습니다.

Short Conversation

Ⓐ John, **thank you for having me**.
Ⓑ You're quite welcome.

Ⓐ 존, 초대해줘서 감사합니다.
Ⓑ 별말씀을요.   * have 가지다, 초대하다

* 집이나 파티에 초대받게 되면 '초대해줘서 고마워요.'라고 말하게 됩니다.
  동사 have를 사용하죠. 여기서 have는 '가지다'가 아닌 '초대하다(invite)'예요.

패턴 12 What kind of... have you been doing? 어떤 ~을 하고 있었어요?

오랜 시간을 두고 지속적으로 해오고 있던 일이 뭔지 묻고 싶을 때 사용하는 패턴이에요. 궁금했던 내용을 kind of 다음에 넣으면 되죠. 현재완료 진행형인 have been doing은 과거시점부터 현재까지 동작의 지속을 나타내요.

ex **What kind of** exercise **have you been doing?** 어떤 운동 하고 있었는데요?
What kind of work **have you been doing?** 어떤 일을 하고 있었습니까?
What kind of business **have you been doing?** 무슨 사업을 하고 있었나요?

Short Conversation

Ⓐ Cindy, **what kind of exercise have you been doing?**
Ⓑ I've been doing yoga with some friends.

Ⓐ 신디, 어떤 운동 하고 있었는데요?
Ⓑ 몇몇 친구들과 요가 하고 있었어요.   * do yoga 요가 하다

패턴 **Why don't we...?** ~하는 게 어때요?, ~할까요?

스스로 판단하기에 괜찮다고 생각되는 일은 상대방에게 함께 하자고 제안하게 됩니다.
이 패턴으로 적절하게 표현할 수 있어요.

ex **Why don't we** take a coffee break?　　　　잠깐 쉬면서 커피 한잔할까요?
　　 Why don't we go out for dinner tonight?　　오늘 밤 외식하는 게 어떨까요?
　　 Why don't we go for a hike tomorrow?　　　내일 하이킹하러 가는 게 어때요?

Short Conversation ▰▰▰▰▰▰▰▰▰▰▰▰▰▰▰▰▰▰▰▰▰▰▰▰▰▰▰▰▰▰

Ⓐ **Why don't we go for a hike tomorrow?**
Ⓑ I'd love to, but I have other plans.

Ⓐ 내일 하이킹하러 가는 게 어때요?
Ⓑ 좋죠, 하지만 선약이 있어요.　　　　　　　　　　　　* other plans 선약

* '선약'을 previous engagement, other plans라고 해요.

패턴 **I'm not good at...** ~을 잘 못 해요, ~은 젬병이에요

자신 없는 일이라면 왠지 언급하기가 꺼려지게 되는데요, 솔직하게 말하는 게 더 나을 때가
있어요. 숙어로 be not good at~은 '~을 잘못하다', '~에는 자신 없다'라는 뜻이에요.

ex **I'm not good at** golf.　　　　　　　　골프에는 자신 없어요.
　　 I'm not good at driving.　　　　　　운전을 잘 못 해요.
　　 I'm not good at talking.　　　　　　난 말주변이 없어.

Short Conversation ▰▰▰▰▰▰▰▰▰▰▰▰▰▰▰▰▰▰▰▰▰▰▰▰▰▰▰▰▰▰

Ⓐ How about playing golf tomorrow?
Ⓑ I wish I could, but **I'm not good at golf**.

Ⓐ 내일 골프 치는 게 어때요?
Ⓑ 그러고 싶지만, 골프에는 자신 없어요.

If you don't mind, I'll teach you how to...

괜찮다면 어떻게 ~하는 거 가르쳐 드리죠

상황에 따라서는 상대방에게 뭔가를 어떻게 하는지를 알려 주고 싶을 때가 있어요.
이런 자신의 의사를 상대방이 개의치 않는지 먼저 넌지시 물어봐야 하죠.

ex **If you don't mind, I'll teach you how to** swim.

> 괜찮다면 제가 수영하는 거 가르쳐 드릴게요.

If you don't mind, I'll teach you how to fix this.

> 괜찮다면 이거 어떻게 고치는지 가르쳐 드리죠.

If you don't mind, I'll teach you how to cook.

> 괜찮다면 제가 요리하는 거 가르쳐 드릴게요.

Short Conversation

Ⓐ **If you don't mind, I'll teach you how to fix this**.

Ⓑ Thanks, but I think I can handle it by myself.

Ⓐ 괜찮다면, 이거 어떻게 고치는지 가르쳐 드리죠.

Ⓑ 고마워요, 하지만 혼자 처리할 수 있을 것 같아요.   * handle 처리하다

 You can... ~해도 돼요

상대방에게 뭔가를 해도 괜찮다는 뉘앙스를 전할 때 사용해요. 조동사 can은 '할 수 있다'처럼
능력을 나타내지만, 구어체에서는 '~해도 된다'처럼 허락의 뜻으로 더 많이 쓰입니다.

ex **You can** call me anytime.   아무 때나 전화해도 돼요.

You can leave now if you want.   원하면 지금 떠나도 돼요.

You can come over to my place.   우리 집에 와도 돼.

Short Conversation

Ⓐ **You can leave now if you want.**

Ⓑ Oh, really? That's so nice of you.

Ⓐ 원하면 지금 떠나도 돼요.

Ⓑ 오, 정말이요? 고마워요.

* That's so nice of you.는 '고마워요.'처럼 감사 표현이에요. 다른 말로는 That's so kind of you.라고도 하죠.

Expression Practice

Look who's here! 이게 누구예요!

뜻하지 않은 곳에서 예전에 잘 알고 지냈던 사람을 다시 만나게 되면 기쁨의 놀라움을 감출 수가 없게 되죠. 자신의 마음을 적절하게 표현할 수 있는 말이에요.

If it isn't you, Sam!	이게 누구예요, 샘 아니에요!
Look who I've got here!	이게 누구야!
Well, Well, Well, Mr. Kim?	어이구, 이게 누구예요? 김 선생 아니세요?

Short Conversation

Ⓐ **Look who I've got here!** Tony! Long time no see.
Ⓑ Hi, Betty! Good to see you. It's been a while.

Ⓐ 이게 누구야! 토니 아냐! 오랜만이네.
Ⓑ 안녕, 베티! 만나서 반가워. 오랜만이야.

I haven't seen you for ages. 오랜만이에요.

친구나 직장 동료를 오랜만에 다시 만나게 되면 반갑다고 인사를 나누게 됩니다.
'오랜만이야.', '그동안 어떻게 지냈어?'처럼 말이죠. 숙어로 for ages는 '오랫동안'의 뜻이에요.

Long time no see.	오랜만이야.
You're quite a stranger.	참 오래간만이군요.
I haven't seen you for a long time.	오랜만입니다.

Short Conversation

Ⓐ James? Can you recognize me by any chance?
Ⓑ Cindy? Wow! **You're quite a stranger**.

Ⓐ 제임스? 혹시 나 알아보겠어요?
Ⓑ 신디? 와우! 참 오래간만이군요.

* by any chance 혹시

07 ## How have you been? 그동안 어떻게 지냈어요?

오랜만에 만난 사람에게 안부의 말로 '그동안 잘 지냈어요?', '그동안 어떻게 지냈어요?'라고 하죠. 딱 어울리는 표현이에요.

ex How have you been these days?　　　　　　　요즘 어떻게 지냈어요?
How has the world been treating you?　　　　어떻게 지내고 있었어요?
How are you getting along these days?　　　요즘 어떻게 지내고 있어?

Short Conversation

Ⓐ Hello, Peter! Long time no see. **How have you been?**
Ⓑ I've been pretty busy with work.

Ⓐ 안녕하세요, 피터! 오랜만이에요. 그동안 어떻게 지냈어요?
Ⓑ 일 때문에 아주 정신없었어요.

* pretty busy 몹시 바쁜

 08 ## You haven't changed a bit. 예전이나 지금이나 변한 게 하나도 없군요.

외향적으로나 내면적으로 전혀 변화된 모습을 볼 수 없을 때 사용해요. 즉, 눈으로 확인할 수 있는 겉모습이 예전이나 지금이나 똑같다면 칭찬의 말투로 한마디 건넬 수 있죠.

ex You have changed a lot.　　　　　　　　　　많이 변했군요.
You look the same as before.　　　　　　　　넌 그대로야.
I think you look different today.　　　　오늘 달리 보이는 것 같군요.

Short Conversation

Ⓐ **I think you look different today.**
Ⓑ I changed my hair style this morning.

Ⓐ 오늘 달리 보이는 것 같아요.
Ⓑ 오늘 아침에 머리 스타일을 바꿨거든요.

* this morning 오늘 아침에

* 자신의 머리 스타일을 바꾼다면 change one's hair style, 머리를 염색한다면 dye one's hair,
머리를 자른다면 get a haircut, 머리를 손질한다면 do one's hair라고 표현해요.

34

표현 09 You name the time and place, please. 시간과 장소만 얘기해 주세요.

누군가와의 약속을 정할 때 시간과 장소를 결정하게 되는데요, 나보다는 상대방의 의중을 따르
겠다는 뉘앙스로 말하는 표현이에요. 타동사 name은 '지정하여 말하다', '제안하다'예요.

ex You pick the place. 장소는 네가 정해.
You name the time, please. 시간만 말하세요.
Let's set a date. 날짜를 정하시죠.

Short Conversation

Ⓐ Why don't we meet and have lunch together?
Ⓑ Good. **You name the time and place, please**.

Ⓐ 우리 만나서 점심같이 하는 게 어때요?
Ⓑ 좋아요. 시간과 장소만 말하세요. * have lunch 점심 먹다

표현 10 Nice seeing you. 만나서 반가웠어요.

동사 see와 meet 사이에는 차이가 좀 있습니다. 처음 만남이라면 meet을 쓰지만, 이미 알고 지
냈던 사람을 다시 만날 때 see를 사용하죠.
인사치레로 Nice to see you.(만나서 반가워요)로 말 건넨 뒤, 작별 인사를 고할 때는 Nice
seeing you.라고 해요. It was nice seeing you.의 줄임말입니다.

ex Nice meeting you. 만나서 반가웠어요.
Nice talking to you. 얘기 잘 나눴습니다.
It was nice seeing you. 만나서 반가웠습니다.

Short Conversation

Ⓐ Sam, I should get going now. **Nice talking to you**.
Ⓑ Nice talking to you, too. See you around.

Ⓐ 샘, 이제 가봐야겠어요. 얘기 잘 나눴습니다.
Ⓑ 저도 얘기 잘 나눴어요. 조만간 또 봐요.

표현 11 Same here. 저도요.

상대방의 생각에 맞장구를 치면서 동의하게 되면 대화가 좀 더 수월해지게 됩니다.
맞장구치는 것도 하나의 대화기술(!)입니다.

ex Me too. 저도 마찬가지예요.
So am I. 나도 마찬가지야.
So do I. 저도요.

Short Conversation

Ⓐ I like movies a lot. I'm a movie fanatic.
Ⓑ Oh, yeah? **So am I**. I especially like horror movies.

Ⓐ 영화를 아주 좋아해. 난 영화광이거든.
Ⓑ 오, 그래? 나도 마찬가지야. 특히 공포 영화를 좋아해. * movie fanatic 영화광

* 네이티브들은 '영화광'을 movie goer, movie fanatic, movie buff라고 표현해요.

표현 12 Have a good day. 좋은 하루 보내세요.

만남이 있으면 작별도 있어요. 즐거웠던 대화를 뒤로한 체 다음 기회에 다시 만날 것을 기약하
면서 '좋은 하루 보내세요.'라고 말하고 싶다면 이 표현이 딱(!)이에요.

ex Have a good one. 좋은 하루 보내세요.
Have a good weekend. 좋은 주말 보내세요.
Have a nice day. 멋진 하루 되세요.

Short Conversation

Ⓐ **Have a good one**, Bob.
Ⓑ Thanks. You too. See you later.

Ⓐ 좋은 하루 보내세요, 밥.
Ⓑ 고마워요. 당신도요. 나중에 봐요.

QR코드를 찍어
원어민의 음성을
들어보세요!

UNIT

03

전화

전화

다음 말을 영어로는 어떻게 표현할까요?

1 전화하신 분 누구시죠?

_____

2 어때요?

_____

3 오늘은 힘들 것 같네요.

_____

4 다음 기회로 미루면 돼요.

_____

5 정말 친절하신 분 같군요.

_____

대사

샘

신디

상황설명 샘이 건네준 명함 속의 전화번호로 신디는 샘에게 전화를 걸어 함께 수영하자고 제안합니다. 하지만 샘은 식사 약속 때문에 오늘은 좀 힘들다고 말하면서 대신 내일 저녁 식사 함께하는 게 어떤지를 물어보죠.

패턴⑰

안녕하세요. 샘과 통화할 수 있을까요?

패턴⑱ **표현⑬**

네. 샘입니다. 전화하신 분 누구시죠?

패턴⑲

안녕하세요, 샘. 신디예요. 제 목소리 알아보시겠어요?

표현⑭

신디? 물론이죠. 무슨 일이에요?

패턴⑳

오늘 오후 시간 되는지 알아보려고 전화했어요.

오늘 오후에요?

패턴㉑ **표현⑮**

네. 함께 모여 수영하러 가요. 어때요?

표현⑯

좋죠, 하지만 선약이 있어요.

오, 그래요. 몰랐네요.

패턴㉒ **패턴㉓**

친구 만나 점심 같이 먹어야 되거든요. 오늘은 힘들 것 같네요. 정말 미안해요.

… 다음 페이지에 계속 …

Sam

Cindy

Hello? Can I speak to Sam, please?

Yes. This is Sam speaking. Who's calling?

Hi, Sam. This is Cindy. Can you recognize my voice?

Cindy? Of course. What's up?

I'm calling to see if you are free this afternoon.

This afternoon?

Yes. Let's get together and go for a swim. What do you say?

I'd like to, but I've got a previous engagement.

Oh, I see. I didn't know that.

I'm supposed to meet my friend and have lunch with him.
I don't think today is a good day for me. I'm so sorry.

··· Continued on next page ···

샘

신디

표현 ⑰　　표현 ⑱
괜찮아요. 걱정 말아요. 다음 기회로 미루면 돼요.

패턴 ㉔
고마워요. 대신 내일 함께 저녁 같이하는 게 어때요?

표현 ⑲
네, 좋아요. 몇 시에 만날까요?

시간과 장소를 문자로 지금 찍어드릴게요.

표현 ⑳　　패턴 ㉕
알았어요. 고마워요. 정말 친절하신 분 같군요.

표현 ㉑
과찬이세요. 어쨌든, 전화 끊어야겠어요. 그때 봐요.

네. 얘기 잘 나눴어요. 잘 있어요.

Sam

Cindy

That's okay. No worries. You can take a rain check.

Thanks. Why don't you join me for dinner tomorrow instead?

Yes, that sounds good. What time shall we make it?

I'll text you with the time and place right now.

I got it. Thank you. I think you are so kind.

I'm flattered. Anyway, I'm afraid I gotta go. See you then.

Okay. Nice talking to you. Bye.

---

recognize 알아보다, 인지하다   go for a swim 수영하러 가다   previous engagement 선약
be supposed to ~하기로 되어 있다, ~해야 한다   take a rain check 다음 기회로 미루다   make it 시간 맞춰 가다
flatter 아첨하다

Pattern Practice

패턴 17 Can I speak to..., please? ~와 통화할 수 있을까요?

전화를 걸어 통화하고 싶은 사람을 부탁할 때 사용해요. 조동사 can보다는 may를 사용해서 May I speak to..., please?라고 하면 좀 더 정중한 뜻을 전하게 됩니다. 상황에 따라서는 공손 하게 말해야 할 필요가 있어요.

Can I speak to Tony, **please?**　　　　토니와 통화할 수 있을까요?
Can I speak to Sam, **please?**　　　　샘과 통화 좀 할 수 있을까요?
Can I speak to Lucy, **please?**　　　　루시와 통화할 수 있을까요?

Short Conversation

Ⓐ Hello. **Can I speak to Lucy, please?**
Ⓑ Sorry, she just stepped out to get lunch.

Ⓐ 안녕하세요. 루시와 통화할 수 있을까요?
Ⓑ 미안하지만, 방금 전에 점심 먹으로 나갔어요.　　　　* step out 나가다

* '점심 먹으러 (나)가다'를 go out to lunch 또는 step out to get lunch라고 말해요.

패턴 18 This is... speaking. ~입니다.

전화상에서 자신의 신분을 밝히고자 할 때 I'm...으로 말하지 않고 This is... speaking.으로 표현합니다. 상대방이 통화하고자 하는 사람이 자신일 때는 간단하게 Speaking.(접니다)이라고 해요.

This is Sam **speaking.**　　　　샘입니다.
This is Bill **speaking.**　　　　빌입니다.
This is Jack **speaking.**　　　　잭입니다.

Short Conversation

Ⓐ Hello? **This is Jack speaking.** Who's calling?
Ⓑ This is Karen from the sales department.

Ⓐ 여보세요? 잭입니다. 누구시죠?
Ⓑ 영업부에서 일하는 카렌이에요.　　　　* sales department 영업부

19 ## Can you...? ~할 수 있어요?, ~해 줄래요?

상대방에게 뭔가를 부탁하거나 할 수 있는 여력이 되는지를 묻고 싶다면 이 패턴을 활용할 수 있어요. 구어체에서는 '~해 줄래요?'의 뜻으로 더 많이 사용됩니다.

ex **Can you** recognize my voice?   내 목소리 알겠어?
    Can you call me back?   다시 전화해 줄래요?
    Can you take my message?   메시지 남겨도 될까요?

Short Conversation

Ⓐ **Can you take my message?**
Ⓑ Sure, no problem.

Ⓐ 메시지 남겨도 될까요?
Ⓑ 그럼요, 괜찮아요.   * take one's message 메시지를 받다

 20 ## I'm calling to see if you are... 당신이 ~하는지 알아보려고 전화했어요

전화를 건 용건이 뭔지 구체적으로 언급할 때가 있어요. 'I'm calling to see if 주어+동사'라고 하죠. 여기서 동사 see는 '(눈으로) 보다'가 아닌 '알아보다', '확인하다'의 뜻이에요.

ex **I'm calling to see if you are** available tonight.
                              오늘 밤 시간 되는지 알아보려고 전화했어.
    I'm calling to see if you are free this afternoon.
                              오늘 오후 한가한지 알아보려고 전화했어요.
    I'm calling to see if you are interested in my offer.
                              내 제안에 관심 있는지 확인하려고 전화했어.

Short Conversation

Ⓐ Excuse me, do you mind if I ask you why you're calling me?
Ⓑ Of course not. **I'm calling to see if you are interested in my offer.**

Ⓐ 죄송하지만, 전화 건 이유 물어봐도 될까요?
Ⓑ 물론이지. 내 제안에 관심 있는지 확인하려고 전화했어.   * be interested in ~에 관심 있다

21 ## Let's... ~합시다

뭔가 함께 하자고 제안할 때 제일 먼저 생각나는 패턴이에요. Let us의 줄임말이 Let's예요.
자신의 생각으로는 괜찮다고 여겨지는 것이 상대방은 어떨지 궁금하다면 이 패턴을 적극적으로
활용해 볼 만해요.

Let's get together and go for a swim.	함께 모여 수영하러 갑시다.
Let's have a drink for a change.	기분 전환으로 술 한잔합시다.
Let's take a stroll.	산책 좀 하죠.

Short Conversation

Ⓐ **Let's have a drink for a change**.
Ⓑ Well, I'm not in the mood for a drink today.

Ⓐ 기분 전환으로 술 한잔합시다.
Ⓑ 글쎄요, 오늘은 술 마실 기분이 아니에요.   * sales department 영업부

22 ## I'm supposed to.. ~해야 해요, ~하기로 되어 있어요

예정되거나 계획된 일을 언급할 때 be supposed to+동사원형을 사용하죠. '~하기로 되어있다'
의 뜻이에요. 하지만 때로는 당연히 해야 할 일을 말할 때, '~해야 한다'라는 의미도 돼요.

I'm supposed to meet my friend.	친구 만나야 되거든요.
I'm supposed to give him a call.	그에게 전화해야 해요.
I'm supposed to see a doctor.	진찰받아야 하거든.

Short Conversation

Ⓐ Jane, can you help me with my work?
Ⓑ I'm afraid I can't. **I'm supposed to see a doctor**. Sorry.

Ⓐ 제인, 나 일하는 것 좀 도와줄래?
Ⓑ 못 도와줄 것 같아. 진찰받아야 하거든. 미안해.   * see a doctor 진찰받다

패턴 23 **I don't think...** ~인 것 같지 않아요

자신의 생각을 직설적으로 표현하기보다는 어느 정도 누그러트려 전하고자 할 때 사용해요. '~라고 생각 안 해'가 아닌 '~인 것 같지 않아', '~ 아닌 것 같아'가 정확인 뜻이에요.

ex **I don't think** today is a good day for me. 오늘은 힘들 것 같네요.
I don't think that's a good idea. 좋은 생각 같지는 않은데.
I don't think I can help you out. 도와주지 못할 것 같아요.

Short Conversation

Ⓐ I think we should cancel our monthly meeting.
Ⓑ **I don't think that's a good idea.**

Ⓐ 월례회의를 취소해야 할 것 같아.
Ⓑ 좋은 생각 같지는 않은데. * monthly meeting 월례회의

 패턴 24 **Why don't you...?** ~하는 게 어때요?

좋은 제안이나 생각이 있으면 적극적으로 권하게 되는데요, 딱(!) 맞는 패턴이죠.
의문사 why로 시작된다고 이유를 묻는 말이 아닌가(!) 라고 생각하면 안 돼요.
이 말속에는 '권유'의 의미가 담겨 있거든요.

ex **Why don't you** join me for dinner tomorrow instead?
 대신 내일 함께 저녁 같이하는 게 어때요?

Why don't you give it a second thought?
 다시 생각해 보는 게 어때요?

Why don't you drive me home?
 차로 집까지 바래다주는 게 어때?

Short Conversation

Ⓐ **Why don't you join me for dinner tomorrow instead?**
Ⓑ Thanks, but I already have other plans.

Ⓐ 대신 내일 함께 저녁 같이하는 게 어때요?
Ⓑ 고맙지만, 이미 약속이 있어요. * already 이미, 벌써

패턴 25 I think you are so... 당신은 너무 ~한 것 같군요, 당신은 정말 ~한 것 같아요

상대방의 겉모습부터 내면적인 모습까지 어떻다고 얘기할 때, 동사 think로 표현해요.
외모뿐만 아니라 성품까지 두루두루 언급할 수 있어요.

ex **I think you are so** kind.   정말 친절하신 분 같군요.
  I think you are so picky.   넌 너무 까칠한 것 같아.
  I think you are so special.   넌 매우 특별한 것 같아.

Short Conversation

Ⓐ Peter, **I think you are so special**.
Ⓑ That's kind of you.

Ⓐ 피터, 넌 매우 특별한 것 같아.
Ⓑ 고마워.   * **special** 특별한

MEMO

Expression Practice

 표현 13 **Who's calling?** 전화하신 분 누구시죠?

전화를 건 상대방이 누군지 혹시 궁금할 때, 신분 따위를 물어보게 되는데요, 전화상에서 Who are you?가 아닌 Who's calling?이라 해야 '전화하신 분 누구시죠?'의 뜻이 됩니다.

ex Who's this?   (전화상에서) 누구세요?
Who am I talking to?   누구시죠?
Can I get your name?   이름 좀 알려줄래요?

Short Conversation

Ⓐ **Who's this?**
Ⓑ This is Peter from the accounting department.

Ⓐ 누구세요?
Ⓑ 회계팀에서 일하는 피터입니다.   * accounting department 경리과, 회계팀

 표현 14 **What's up?** 무슨 일이에요?, 요즘 어때요?, 잘 지내요?

전화를 건 사람에게 What's up?이라고 하면 '무슨 일이야?'로 전화 건 용건이 뭔지를 묻는 거예요. 이 말이 때로는 친밀한 사이에서 인사로 '요즘 어때요?', '잘 지내요?'처럼 사용되죠.

ex What is it?   무슨 일이에요?
What are you up to?   뭐 하고 지내?
How's it going?   어떻게 지내?

Short Conversation

Ⓐ Hi, Cindy. **How's it going?**
Ⓑ I'm good, thanks.

Ⓐ 안녕, 신디. 어떻게 지내?
Ⓑ 좋아, 고마워.

표현 15 What do you say? 어때요?

괜찮은 생각이나 제안은 함께 공유하는 게 좋죠. 자신의 제안에 대해 상대방은 어떻게 생각하는지 속마음을 알고 싶을 때 사용해요.

ex What do you think of that?　　　　　　　그거 어떻게 생각해요?
How about you?　　　　　　　　　　　　너는 어때?(제안 중심)
What about you?　　　　　　　　　　　넌 어때?(생각 중심)

Short Conversation ▨▨▨▨▨▨▨▨▨▨▨▨▨▨▨▨▨▨▨▨▨▨▨▨▨▨▨▨▨▨▨▨▨

Ⓐ Let's grab a bite to eat. **What do you say?**
Ⓑ Good. I'm so hungry that I could eat a horse.

Ⓐ 뭐라도 간단히 먹죠. 어때요?
Ⓑ 좋아요. 배고파 죽을 지경이에요.　　　　　　　* grab a bite to eat 간단히 먹다.

* 네이티브들은 배가 너무 고픈 상황 속에서 마치 질긴 말고기라도 잘근잘근 씹어 먹을 수 있다고 다소 과장되게 표현하죠. I'm so hungry (that) I could eat a horse.처럼 말이에요.

표현 16 I've got a previous engagement. 선약이 있어요.

상대방으로부터 아무리 좋은 제안을 받더라도 다른 약속으로 인해 어쩔 수 없이 거절해야만 하는 경우가 때로는 생기게 되죠. '선약'을 previous engagement라고 표현해요.

ex I have a previous appointment.　　　　　　　선약이 있어요.
I have other plans.　　　　　　　　　　　다른 약속이 있어요.
I have a prior engagement.　　　　　　　선약이 있어요.

Short Conversation ▨▨▨▨▨▨▨▨▨▨▨▨▨▨▨▨▨▨▨▨▨▨▨▨▨▨▨▨▨▨▨▨▨

Ⓐ Grace! Why don't we go to the movies tonight?
Ⓑ I'd like to, but **I have other plans**.

Ⓐ 그레이스! 오늘 밤 극장에 가는 게 어때요?
Ⓑ 그러고 싶지만, 다른 약속이 있어요.　　　　　* go to the movies 극장에 가다

* 영화와 관련된 표현 중에 watch movies(영화보다), box office(매표소), be sold out(매진되다)도 있어요.

표현 17 No worries. 걱정 말아요.

별거 아닌 일로 누군가로부터 사과를 받게 되면 괜찮다고 말하며 걱정 말라고 한마디 건네게 됩니다.

ex That's all right.   괜찮습니다.
That's okay.   괜찮아.
Never mind.   신경 쓰지 마.

Short Conversation

Ⓐ I'm sorry, I forgot your name.
Ⓑ **That's okay**. I'm Sam Park. Just call me Sam.

Ⓐ 미안한데, 너 이름 까먹었어.
Ⓑ 괜찮아. 샘 박이야. 그냥 샘이라 불러줘.   * forget 까먹다. 잊어버리다

표현 18 You can take a rain check. 다음 기회로 미루면 돼요.

어쩔 수 없는 상황으로 인해 도저히 여건이 안 되면 상대방으로부터 양해를 구하게 되는데요, 이런 상황에 꼭 맞는 표현이 rain check이에요. 우천으로 인해 야구 경기가 취소되게 되면 다음에 경기를 다시 볼 수 있도록 관중들에게 나누어 주던 표를 말해요. 여기서 유래되어 상대방의 제안에 대해 정중하게 거절할 때 사용하기도 하죠.

ex I think you can take a rain check.   다음 기회로 미뤄도 될 것 같아요.
Can I take a rain check on that?   그거 다음 기회로 미뤄도 돼?
I'll have to take a rain check.   다음을 기약해야 할 것 같아.

Short Conversation

Ⓐ Sam, are you coming to my birthday party tonight?
Ⓑ I wish I could, but I think **I'll have to take a rain check**.

Ⓐ 샘, 오늘 밤 내 생일 파티에 올 거야?
Ⓑ 그러고 싶은데, **다음을 기약해야 할 것 같아**.   * birthday party 생일 파티

* I wish I could.에는 '나도 그러고 싶지만 실제로는 그렇게 못 할 것 같다.'의 뜻이 내포되었어요.
 여건상 도무지 할 여력이 안 될 때 사용하면 좋죠.

19 What time shall we make it? 몇 시에 만날까요?

만남의 필요조건은 시간과 장소예요.
어느 시간 때가 괜찮을지, 어느 시간 때에 만나는 것이 나도 좋고 상대방도 좋을지 알고 싶다면
이 표현을 사용하면 되죠. 좀 더 구체적인 시간을 언급할 때 what time이라고 해요.

> 🔵 When shall we make it?   언제 만날까요?
>   Where and when shall we make it?   어디서 언제 만날까요?
>   Where shall we meet?   어디서 만날까요?

Short Conversation

Ⓐ Richard, **what time shall we make it?**
Ⓑ Well, let me check my schedule first.

Ⓐ 리처드, 몇 시에 만날까요?
Ⓑ 글쎄요, 우선 제 스케줄 좀 확인해 보고요.

* check 확인하다

 20 I got it. 알았어요.

상대방의 의중을 정확하게 이해했다면 I got it.이라고 해요. 동사 get은 '구하다', '얻다', '사다'
지만, 구어체에는 '이해하다'라는 뜻도 돼요. 여기서 대명사 it은 '돌아가는 상황'을 의미해요.

> 🔵 I got the picture.   이제야 알겠어.
>   I know what you mean.   무슨 뜻인지 알겠어요.
>   I know what you're saying.   무슨 말인지 알겠어.

Short Conversation

Ⓐ Do I have to explain this to you over again?
Ⓑ No, you don't have to do that. **I got the picture**.

Ⓐ 내가 또 설명해야 되는 거야?
Ⓑ 아니, 그럴 필요 없어. 이제야 알겠어.

* explain 설명하다

* 대화의 요점을 정확하게 이해했을 때 I got the picture.라고 하죠.
 동사 get은 '이해하다'이며 명사 picture는 '그림'이 아닌 '돌아가는 상황'을 말해요.

표현 21 **I'm flattered.** 과찬이세요.

자신의 언행에 대해 좀 거북할(!) 정도의 칭찬을 상대로부터 듣게 되면 왠지 어색한 느낌이 들게 마련이에요. 이때 '과찬이세요.'라고 말하면 너무 치켜세워 주지 말라는 뉘앙스를 풍길 수 있어요. 동사 flatter는 '아첨하다', '돋보이게 하다'예요.

ex Don't flatter me. 비행기 태우지 마.
Don't flatter me too much. 너무 치켜세우지 말아요.
Don't flatter yourself. 착각하지 마.

Short Conversation

Ⓐ I think you are so generous and warmhearted.
Ⓑ **Don't flatter me too much**.

Ⓐ 정말 관대하고 마음이 따뜻한 분 같군요.
Ⓑ 너무 치켜세우지 말아요.   * generous 관대한 warmhearted 마음이 따뜻한

QR코드를 찍어
원어민의 음성을
들어보세요!

U N I T

식사

식사

다음 말을 영어로는 어떻게 표현할까요?

1 그동안 뭐 하고 지냈어요?

_____

2 주문할 준비 됐어요?

_____

3 배고파 죽겠어요.

_____

4 좋습니다.

_____

5 별거 아니에요.

_____

대사

샘

상황설명 레스토랑에서 신디를 만난 샘은 신디에게 음식을
추천하며 대화를 이어갑니다.

신디

안녕하세요, 신디. 만나서 반가워요.

표현 22

안녕하세요. 저 역시 만나서 반가워요. 샘, 초대해줘서 고마워요.

표현 23　　**패턴 26**　　**표현 24**
별말씀을요. 와줘서 기뻐요. 앉으세요.

표현 25

고마워요. 최근에 뭐하며 지냈어요?

표현 26
별일 없었어요. 당신은요?

일 때문에 너무 바빴어요, 하지만 지금은 괜찮아요.

패턴 27
잘됐네요. 그건 그렇고, 주문할 준비 됐어요? 좀 배고파 보이는 것 같은데요.

제가요?

네. 마치 그렇게 보여요.

패턴 28

오늘 고객과 모임 때문에 점심 굶어야만 했어요.

패턴 29
오, 그래요. 그러면 지금 정말 배고픈 게 틀림없겠군요, 맞죠?

… 다음 페이지에 계속 …

Sam

Cindy

Hi, Cindy. Nice to see you.

Hi. Nice to see you, too. Sam, thank you for having me.

My pleasure. I'm glad to have you here! Please sit down.

Thanks. What have you been up to lately?

Nothing in particular. What about you?

I've been pretty busy with work, but I'm just fine now.

Good. Anyway, are you ready to order? I think you look a little hungry.

Do I?

Yes. You look as though you are.

I had to skip lunch today because of a meeting with my client.

Oh, I see. Then, you must be really starving now, right?

⋯ Continued on next page ⋯

샘

신디

표현 27
네, 맞아요. 실은, 배고파 죽겠어요.

패턴 30　　　**패턴 31**
메뉴판 여기 있어요. 보세요. 뭐 드시겠어요?

패턴 32
저에게 추천해 주고 싶은 어떤 음식이라도 있어요?

글쎄요, 이 레스토랑은 티본 스테이크로 유명하다고 들었습니다.

패턴 33
그렇다면 한 번 먹어봐야겠어요. 배고프니 웨이터에게 빨리 부탁해 볼게요.

표현 28　　　**표현 29**
알았어요. 좋습니다. 전 상관없거든요.

이해해줘서 고마워요.

표현 30
별거 아니에요.

Sam

Cindy

Yes, that's right. In fact, I'm starving to death.

Here is the menu, please take a look at it. What would you like to have?

Is there any kind of food you would like to recommend?

Well, I heard this restaurant is known for its T-bone steak.

I'll have to try it then. I'll just tell the waiter we're hungry.

Okay. That's fine. I don't mind.

Thank you for your understanding.

It's no big deal.

particular 특별한 be ready to ~할 준비되다 as though 마치 ~처럼 skip lunch 점심 굶다
starve 굶주리다 take a look at ~을 보다 recommend 추천하다 be known for ~로 유명하다
big deal 대단한 것, 중대사

Pattern Practice

패턴 26 I'm glad to... ~해서 기뻐요

좋은 소식을 듣게 되거나 말하게 되면 나도 모르게 절로 기분 좋아지게 되죠. 기쁨은 나누어야
두 배 된다는 말도 있잖아요. 형용사 glad는 '기쁜', '고마운'의 뜻이에요. 기쁜 이유를 to부정사
(to+동사원형) 다음에 넣으면 됩니다.

> **I'm glad to** have you here.   와줘서 기뻐요.
> **I'm glad to** be back.   돌아와서 기뻐.
> **I'm glad to** hear that.   듣던 중 반가운 소식이네.

Short Conversation

ⓐ I finally got a driver's license.
ⓑ Really? **I'm glad to hear that**.

ⓐ 드디어 나 운전 면허증 땄어.
ⓑ 정말이야? 듣던 중 반가운 소식이네.   * driver's license 운전 면허증

패턴 27 Are you ready to...? ~할 준비 됐어요?

어떠한 일을 행동으로 옮길 준비가 되었는지 여부를 물을 때 사용해요. 식당 같은 음식점에서
종업원에게 자주 듣는 말이 '주문할 준비 되셨나요?'인데요, 동사 order를 덧붙여 표현하죠.

> **Are you ready to** order?   주문할 준비 됐어요?
> **Are you ready to** go out for dinner?   외식할 준비 됐나요?
> **Are you ready to** set the table?   상 차릴 준비 됐어?

Short Conversation

ⓐ **Are you ready to go out for dinner?**
ⓑ No, not yet.

ⓐ 외식할 준비 됐나요?
ⓑ 아니요, 아직은 안 됐어요.

I had to... ~해야만 했어요

선택의 여지가 없어 어쩔 수 없이 뭔가를 해야만 했던 자신의 과거 경험을 말할 때 사용해요.
과거 사실만을 말하는 거며 현재와는 아무런 상관이 없어요.

ex **I had to** skip lunch today. 오늘 점심 굶어야만 했어요.
  I had to pay the bill yesterday. 이제 내가 계산해야 했어.
  I had to cancel my reservation. 예약을 취소해야만 했어요.

Short Conversation

Ⓐ Hey, Bill! You look hungry.
Ⓑ **I had to skip lunch today** because of a meeting.

Ⓐ 이봐요, 빌! 배고파 보여요.
Ⓑ 오늘 모임 때문에 점심 굶어야만 했어요. * skip lunch 점심 굶다

 You must be really... 정말 ~한 게 틀림없어요

내가 아닌 상대방의 모습을 보고 어떠한 느낌이 든다고 분명하게 말하고 싶을 때가 있어요.
이때 must be...로 표현하죠. 부사 really는 '정말', '매우'의 뜻으로 뒤에 나오는 말을 꾸며주는
역할을 합니다.

ex **You must be really** starving now, right? 지금 정말 배고픈 게 틀림없겠군요, 맞죠?
  You must be really tired. 너 정말 피곤하겠구나.
  You must be really nervous. 정말로 긴장되겠군요.

Short Conversation

Ⓐ I have a job interview this afternoon.
Ⓑ **You must be really nervous**.

Ⓐ 오늘 오후에 면접이 있어요.
Ⓑ 정말로 긴장되겠군요. * nervous 긴장된, 초조한

30 Here is/are... ~ 여기 있어요

뭔가를 건네주면 하는 말, '~ 여기 있어요'입니다. Here is/are...라고 하죠.
식당 같은 곳에서 종업원이 손님에게 메뉴판이나 계산서를 건네줄 때, 손님이 음식값을 지불하기 위해 자신의 신용카드를 건네줄 때 활용할 수 있는 패턴이에요.

Here is the menu.	메뉴판 여기 있어요.
Here is my credit card.	여기 신용카드요.
Here is your coffee.	커피 나왔습니다.

Short Conversation

Ⓐ **Here is the menu**, sir.
Ⓑ Thank you.

Ⓐ 메뉴판 여기 있어요, 손님.
Ⓑ 고맙습니다.

 31 What would you like to...? 뭐 ~하시겠어요?

상황에 따라서는 공손하게 말을 건네야 할 때가 종종 생겨요.
숙어로 would like to+동사원형은 '~하고 싶어요'로 want to+동사원형보다는 좀 더 공손한 뜻이에요. 여기에 의문사 what을 넣어 말하면 '뭐 ~하시겠어요?'의 의미가 되죠.

What would you like to drink, ma'am**?**	뭐 마시겠습니까, 손님?
What would you like to order**?**	뭐 주문하시겠어요?
What would you like to have**?**	뭘 드시겠습니까?

Short Conversation

Ⓐ **What would you like to drink, ma'am?**
Ⓑ I'd like a cup of coffee, please.

Ⓐ 뭐 마시겠습니까, 손님?
Ⓑ 커피 한 잔 부탁해요.

* a cup of coffee 커피 한 잔

32 # Is there any kind of/Are there any/Is there a... you would like to recommend ? 저에게 추천해 주고 싶은 어떤 ~라도 있어요?

음식이나 장소 등이 마음에 들면 또 오게 되고 다른 사람에게 적극적으로 추천하게 됩니다.
동사 recommend는 '추천하다'로 '적극 추천하다' 즉, '강추(!)'를 strongly recommend라고
표현하죠.

ex **Are there any** Korean dishes **you would like to recommend?**

추천해 주고 싶은 어떤 한국 음식이라도 있어요?

Is there any kind of food **you would like to recommend?**

추천해 주고 싶은 어떤 음식이라도 있어요?

Is there a restaurant **you would like to recommend?**

추천해 주고 싶은 레스토랑이라도 있습니까?

Short Conversation

Ⓐ **Are there any Korean dishes you would like to recommend?**

Ⓑ Yes, there is. I would like to recommend Bibimbap. It tastes really good.

Ⓐ 추천해 주고 싶은 어떤 한국 음식이라도 있어요?

Ⓑ 네, 있습니다. 비빔밥을 추천하고 싶어요. 정말 맛있거든요. * dish 접시, 음식

 33 # I'll have to... ~해야겠어요

어떤 일을 해야 할 당위성이 있을 때 have to+동사원형으로 표현해요.
여기에 조동사 will을 넣어 말하면 have to+동사원형의 미래형이 되는 거죠.
지금이 아닌 미래에 행동으로 옮겨야 할 일을 언급할 때 사용해요.

ex **I'll have to** pick up the bill this time. 이번에는 제가 계산해야겠어요.
I'll have to try it then. 그렇다면 한 번 먹어봐야겠어요.
I'll have to book a seat beforehand. 내가 미리 좌석을 예약해야겠어.

Short Conversation

Ⓐ Sam, **I'll have to pick up the bill this time**.

Ⓑ Okay, if you insist.

Ⓐ 샘, 이번에는 제가 계산해야겠어요.

Ⓑ 알았어요, 정 그러시다면요. * pick up the bill 계산하다

Expression Practice

표현 22 Thank you for having me. 초대해줘서 고마워요.

누군가의 집이나 생일 파티에 초대받게 되면 꼭 건네는 말이 있어요. '초대해줘서 고마워요.'예요.
동사 have를 사용하죠. 구어체에서 have는 '가지다'가 아닌 '초대하다(invite)'의 뜻이랍니다.

ex Thank you for inviting me.　　　　　　　　　초대해줘서 고마워요.
　　Thank you for the invitation.　　　　　　　　　초대 고맙습니다.
　　I really appreciate your invitation.　　　　초대해주서서 정말 감사합니다.

Short Conversation

Ⓐ **Thank you for the invitation**.
Ⓑ Sure. I'm happy to have you here tonight.

Ⓐ 초대 고맙습니다.
Ⓑ 천만에요. 오늘 밤 당신을 모시게 되어 기쁩니다.　　　　　　　* invitation 초대

표현 23 My pleasure. 별말씀을요.

자신이 베풀어준 일에 대해 상대방이 고마워하는 것은 당연한데요, Thank you so much.(정
말 고마워요)라는 말을 듣게 되면 My pleasure.(별말씀을요)라고 맞장구치면 되죠.

ex Sure.　　　　　　　　　　　　　　　　　천만에요.
　　Not at all.　　　　　　　　　　　　　　　천만에요.
　　You're welcome.　　　　　　　　　　　별말씀을요.

Short Conversation

Ⓐ Thank you so much.
Ⓑ **Not at all**.

Ⓐ 정말 고마워요.
Ⓑ 천만에요.

표현 24 Please sit down. 앉으세요.

누군가를 자기 집에 초대할 경우, 가볍게 인사 나눈 뒤 소파나 의자에 앉아 편하게 있으라고 말하게 됩니다. 숙어로 sit down은 '(휴식을 취하기 위해) 앉다'라는 뜻이에요.

ex Please take a seat.	앉으세요.
Please have a seat.	자리에 앉으세요.
Please be seated.	앉으세요.

Short Conversation

Ⓐ Thank you for taking the time to meet me.
Ⓑ You're quite welcome. **Please have a seat.**

Ⓐ 시간 내서 절 만나줘서 고맙습니다.
Ⓑ 천만에요. 자리에 앉으세요.

* have a seat 자리에 앉다

 표현 25 What have you been up to lately? 최근에 뭐하며 지냈어요?

오랫동안 못 만난 벗이나 직장 동료에게 안부의 말을 꼭 전하게 되는데요, 그동안 뭐하며 지냈는지, 어떻게 지내고 있었는지 묻고 싶을 때 사용하는 표현이에요.

ex How's it going?	어떻게 지내?
How are you getting along these days?	요즘 어떻게 지내?
How have you been?	어떻게 지냈어요?

Short Conversation

Ⓐ Lucy, **how are you getting along these days?**
Ⓑ Can't complain. How about yourself?

Ⓐ 루시, 요즘 어떻게 지내?
Ⓑ 그럭저럭 잘 지내. 넌 어때?

* get along 지내다

26 # Nothing in particular. 별일 없어요.

누군가로부터 안부의 인사를 받게 될 때, 특별한 일 없이 하루하루 그럭저럭 잘 지내고 있다는
뉘앙스로 대답할 수 있어요. 이런 상황에서 딱 어울리는 표현이에요.

ⓔⓧ Not much.	별일 없어.
Nothing special.	특별한 일 없어요.
Nothing much new here.	여긴 별다른 일 없어요.

Short Conversation

Ⓐ Hi, Cathy. What's up?
Ⓑ **Not much**.

Ⓐ 안녕, 캐시. 잘 지내?
Ⓑ 별일 없어.

* 친구처럼 격이 없이 사이에서 안부 인사로 What's up?을 사용하는데요, '잘 지내?'의 뜻이에요.
　때로는 이 말이 걱정스러워 보이는 상대에게 '무슨 일이야?', '왜 그래?'의 의미처럼 사용되기도 하죠.

 27 # I'm starving to death. 배고파 죽겠어요.

우리도 배고프면 '배고파 죽겠어.' '배고파 미치겠어.' '배고파 죽을 것 같아.'처럼 좀 과장되게 말
하게 되죠. 명사 death를 활용해서 표현해요.

ⓔⓧ I'm hungry.	배고파.
I'm so hungry I could eat a horse.	너무 배고프단 말이야.
I'm famished.	배고파 죽겠어.

Short Conversation

Ⓐ **I'm famished**. Do you have anything to eat?
Ⓑ Sure, I've got some leftovers.

Ⓐ 배고파 죽겠어. 뭐 먹을 거 좀 있어?
Ⓑ 물론이지, 음식 남은 게 좀 있어.

* leftover 나머지, 찌꺼기

표현 28 That's fine. 좋아요.

상대방이 하고 싶은 것을 하라고 얘기하면서 자신을 괜찮다고 말하고 싶을 때 사용할 수 있는
표현이에요.

> ex Have it your way. 너 좋을 대로 해.
> It's up to you. 당신한테 달렸어요.
> Do as you like. 좋을 대로 해.

Short Conversation

Ⓐ Do we have to book a table for tonight?
Ⓑ Well, **it's up to you**.

Ⓐ 오늘 밤에 자리 예약해야 하나요?
Ⓑ 글쎄요, 당신한테 달렸어요.   * **book a table** 자리 예약하다

표현 29 I don't mind. 전 상관없어요.

어떤 행동을 하던 자신은 전혀 개의치 않는다는 뉘앙스로 사용하는 표현이에요.
동사 mind는 '반대하다', '언짢게 여기다' 입니다.

> ex I don't care. 난 상관 안 해.
> It doesn't matter. 상관없어요.
> It doesn't matter to me. 저는 아무래도 좋습니다.

Short Conversation

Ⓐ Do you mind if I eat this?
Ⓑ Of course not. **I don't mind**.

Ⓐ 이것 좀 먹어도 돼요?
Ⓑ 물론이죠. 전 상관없어요.   * **mind** 주저하다, 꺼리다

* Do you mind if I+동사?는 '~해도 돼요?'라는 뜻이에요. 무언가를 하기 전에 상대로부터 먼저 허락 따위를
  받고자 할 때 사용하죠.

표현 30 It's no big deal. 별거 아니에요.

칭찬도 좀 지나치면(!) 듣기 거북하게 되죠.
별일도 아닌데 상대방이 너무 크게 생각하여 어떻게 감사의 표시를 해야 할지 몰라 당황하고 있을 때, 별거 아니니 크게 신경 쓰지 말라는 말투로 안심시킬 수 있어요.

ex It's nothing.	별거 아냐.
Don't mention it.	천만에요.
You're quite welcome.	천만에요.

Short Conversation

Ⓐ Thanks for your help.

Ⓑ **It's nothing.** That's what friends are for!

Ⓐ 도와줘서 고마워.

Ⓑ 별거 아냐. 친구 좋다는 게 뭐야!   * Thanks for ~에 감사하다

U N I T

약속

약속

다음 말을 영어로는 어떻게 표현할까요?

1 주말에 무슨 계획 있어요?

_____

2 제가 영화광이거든요.

_____

3 어떤 영화 좋아하시는데요?

_____

4 그 점에 대해서는 전적으로 동의해요.

_____

5 듣던 중 반가운 소리네요.

_____

대사

샘
신디

상황설명 샘은 신디와 맛있는 저녁 식사를 하던 중 주말에
영화를 함께 보러 가자고 제안합니다.
괜찮은 생각이라 여긴 신디는 같이 가자고 말합니다.

패턴 34
▶ 신디, 스테이크 어때요?

훌륭해요. 너무 부드럽고 맛있어요. ◀

패턴 35
▶ 마음에 든다니 다행이네요. 와인 한잔하시겠어요?

고맙지만, 사양할래요. ◀

패턴 36
▶ 알겠어요. 그런데 말이에요, 주말에 무슨 계획 있어요?

패턴 37
아니요, 딱히 없는데요. 그냥 집에 머물면서 쉬려고요. ◀

표현 31
▶ 오, 그래요. 그러면 토요일에 같이 영화 보러 가죠. 어때요?

표현 32 **표현 33**
좋아요. 실은, 제가 영화광이거든요. ◀

패턴 38
▶ 정말이요? 몰랐네요. 일주일에 얼마나 자주 영화 보세요?

세네 번 정도요. ◀

패턴 39
▶ 와우, 꽤 되네요. 어떤 영화 좋아하시는데요?

… 다음 페이지에 계속 …

Sam

Cindy

▶ Cindy, how is your steak?

Great. I mean, it's very tender and delicious. ◀

▶ I'm glad you like it. Would you care for a glass of wine?

No, thanks. I'd better not. ◀

▶ Okay. By the way, do you have any plans for the weekend?

No, not really. I'm just going to stay home and relax. ◀

▶ Oh, I see. Then let's go to the movies together on Saturday.
How does that sound?

Sounds great. As a matter of fact, I'm a movie fanatic. ◀

▶ Really? I didn't know that. How often do you watch movies in a week?

About three or four times. ◀

▶ Wow, that's quite a bit. What type of movies do you like?

··· Continued on next page ···

샘

신디

장르 가리지 않고 다 좋아해요. 특히, 로맨틱 코미디 영화를 정말 좋아하거든요.

저도 그래요.

패턴 40

제일 좋아하는 영화배우가 누군데요?

가장 좋아하는 영화배우는 짐 캐리예요. 정말 재미있는 사람 같아요.
코미디에 관한 한, 짐 캐리가 진정한 스타죠.

표현 34

그 점에 대해서는 전적으로 동의해요. 저도 그를 좋아해요.

표현 35

듣던 중 반가운 소리네요. 제가 미리 인터넷에서 영화표를 구입해야 할 것 같아요.

알았어요. 고마워요. 대신 저녁 살게요.

좋아요.

Sam

Cindy

I like all kinds of movies. I especially love romantic comedies.

So do I.

Who is your favorite movie star?

My favorite movie star is Jim Carrey. I think he's so hilarious.
When it comes to comedies, Jim Carrey is a real star.

I couldn't agree more on that. I like him, too.

That's good to know. I think I'll have to purchase tickets ahead of time online.

Okay. Thanks. I'll buy you dinner in return.

Deal.

---

tender 부드러운 by the way 그런데 go to the movies 영화관에 가다 as a matter of fact 사실은
movie fanatic 영화광 quite a bit 상당한 hilarious 유쾌한 when it comes to ~에 관한 한
ahead of time 미리

Pattern Practice

 34 How is your...? ~은 어때요?

어떤 명사를 넣어 말하느냐에 따라 대화의 주제가 바뀌게 됩니다.
대상이 음식이 될 수도 있고 사람이 될 수도 있거든요.

ex **How is your** steak? 스테이크 어때요?
How is your work going? 일은 어떻게 진행되고 있어?
How is your father? 아버님은 어떠세요?

Short Conversation

Ⓐ **How is your father?**
Ⓑ He's good, thanks.

Ⓐ 아버님은 어떠세요?
Ⓑ 좋으세요, 고마워요.

 35 Would you care for...? ~하시겠어요?

손님을 집에 초대하게 되면 마실 것을 먼저 건네주게 되죠. 이 패턴으로 표현할 수 있어요.
숙어로 care for는 '~을 좋아하다', '돌보다'예요.

ex **Would you care for** a glass of wine? 와인 한잔하시겠어요?
Would you care for a cup of coffee? 커피 한잔하시겠습니까?
Would you care for some dessert? 디저트 좀 드시겠어요?

Short Conversation

Ⓐ **Would you care for some dessert?**
Ⓑ I'm good, thanks. I think I had too much to eat.

Ⓐ 디저트 좀 드시겠어요?
Ⓑ 괜찮아요, 고마워요. 너무 많이 먹은 것 같아요. ＊ dessert 후식, 디저트

36 ## Do you have any plans for...? ~에 무슨 계획 있어요?

마음속에 미리 계획에 둔 일이 있는지 궁금할 때가 있어요.
전치사 for 다음에 나오는 시간, 사람이 대화의 중심이 되죠.

ex **Do you have any plans for** the weekend?　　　　주말에 무슨 계획 있어요?
　　Do you have any plans for tonight?　　　　오늘 밤에 어떤 계획이라도 있는 거야?
　　Do you have any plans for your family?　　가족을 위해 어떤 계획이라도 있나요?

Short Conversation

ⓐ **Do you have any plans for tonight?**
ⓑ Yeah, I'm going out to see a late-night movie.

ⓐ 오늘 밤에 어떤 계획이라도 있는 거야?
ⓑ 응, 심야 영화 보러 나갈 거거든.　　　　　* see a late-night movie 심야 영화를 보다

 37 ## I'm just going to... 그냥 ~하려고요, 그냥 ~할 거예요

이미 결정된 미래를 나타낼 때 be going to+동사를 사용해요. '~할 거예요'로, 여기에 부사
just를 넣으면 '그냥 ~할 거예요'의 의미가 되는 거죠.

ex **I'm just going to** stay home and relax.　　　그냥 집에 머물면서 쉬려고요.
　　I'm just going to get some sleep.　　　　　　그냥 눈 좀 붙이려고 해.
　　I'm just going to take a shower.　　　　　　　그냥 샤워 좀 하려고 해요.

Short Conversation

ⓐ Sam, what are you going to do after work?
ⓑ Well, **I'm just going to get some sleep**.

ⓐ 샘, 퇴근 후에 뭐할 거야?
ⓑ 글쎄, 그냥 눈 좀 붙이려고 해.　　　　* get some sleep 잠 좀 자다, 눈 좀 붙이다

* 전치사 after를 활용한 다양한 표현들이 있는데요. 예를 들면 after work(퇴근 후에), after class(수업 후에),
　after school(방과 후)처럼 뒤에 나오는 명사만 살짝 바꾸면 됩니다.

패턴 38 How often do you...? 얼마나 자주 ~하세요?

어떤 행위를 얼마나 자주 하는지 확인차 묻는 말이에요.
빈도부사인 often은 '종종', '자주'라는 뜻이죠.

ex **How often do you** watch movies?

얼마나 자주 영화 보세요?

    How often do you ride a bike?

얼마나 자주 자전거 타?

    How often do you have a drink?

술은 얼마나 자주 드세요?

Short Conversation ▎▎

Ⓐ **How often do you ride a bike?**

Ⓑ **At least once or twice a week.**

Ⓐ 얼마나 자주 자전거 타?

Ⓑ 적어도 일주일에 한두 번 정도는 타.

* **ride a bike** 자전거를 타다

패턴 39 What type of... do you like?
어떤 ~을 좋아하시는데요?, 어떤 ~을 좋아하세요?

의문사를 적절하게 잘만 사용한다면 대화를 오랫동안 나눌 수가 있어요.
어떤 사람을 좋아하는지, 어떤 영화를 좋아하는지, 대화 주제를 쉽게 바꿀 수가 있거든요.

ex **What type of** movies **do you like?**

어떤 영화를 좋아하시는데요?

    What type of people **do you like?**

어떤 타입의 사람을 좋아하나요?

    What type of food **do you like?**

무슨 음식 좋아해?

Short Conversation ▎▎

Ⓐ Cindy, **what type of people do you like?**

Ⓑ Well, I can't tell you offhand.

Ⓐ 신디, 어떤 타입의 사람을 좋아하나요?

Ⓑ 글쎄요, 지금 당장은 뭐라고 얘기 못 하겠어요.

* **offhand** 즉석에서

* 때로는 대답하기가 좀 곤란한 질문을 받을 때가 있어요. I can't tell you offhand.를 그런 상황 속에서 사용
  하면 딱(!) 좋아요. '지금 당장 뭐라고 얘기하기가 힘들다.'라는 뜻입니다.

패턴 40 Who is your favorite...?

제일 좋아하는 ~이 누군데요?, 가장 좋아하는 ~은 누구예요?

대화를 하다 보면 궁금한 점이 하나둘 생기게 돼요. 가장 좋아하는 배우가 누군지, 아니면 어떤 운동선수를 제일 좋아하는지 물어 볼 수 있거든요. 형용사 favorite(좋아하는, 마음에 드는)이 적절한 단어가 됩니다.

Who is your favorite movie star?   제일 좋아하는 영화배우가 누군데요?

Who is your favorite singer?   가장 좋아하는 가수가 누구야?

Who is your favorite soccer player?   가장 좋아하는 축구 선수가 누구예요?

Short Conversation

Ⓐ Let me ask you something. **Who is your favorite singer?**

Ⓑ My favorite singer is Celine Dion. She has a great voice.

Ⓐ 뭐 좀 물어보자. 가장 좋아하는 가수가 누구야?

Ⓑ 가장 좋아하는 가수는 셀린 디옹이야. 가창력이 대단해.   * singer 가수

Expression Practice

표현 31 How does that sound? 어때요?

자신의 제안이나 생각에 대해 상대방은 어떻게 느끼고 있는지를 확인하고자 할 때 사용하는 표현이죠. 긍정적으로 생각하는지. 부정적으로 생각하는지 그 속마음을 들여다볼 수 있어요.

ex What do you say?　　　　　　　　　　　　　　　　　　　어때요?
What do you think?　　　　　　　　　　　　　　　　　어떻게 생각해요?
How does that sound to you?　　　　　　　그것을 어떻게 생각합니까?

Short Conversation

ⓐ Tony, let's go for a hike. **What do you say?**
ⓑ I wish I could, but I'm not feeling up to par today. Sorry.

ⓐ 토니, 우리 하이킹 가요. 어때요?
ⓑ 그러고 싶지만, 오늘은 몸이 별로 안 좋아요. 미안해요.　　　* **feel up to par** 컨디션이 좋다

* Let's go for a+명사.라고 하면 '~하러 가자'예요. 예로 Let's go for a hike.(하이킹하러 가자).
Let's go for a walk.(산책하러 가자). Let's go for a ride.(놀이기구 타러 갑시다)처럼 표현해요.

표현 32 As a matter of fact 실은, 사실은

대화를 나누는 동안 어쩔 수 없이 상대방의 질문에 솔직하게 인정해야 하거나 긍정적인 답변을 줘야 할 때가 생기게 됩니다. 적절한 표현이 바로 as a matter of fact예요.

ex In fact　　　　　　　　　　　　　　　　　　　　　　　　　　사실상
Truth be told　　　　　　　　　　　　　　사실은(사실을 말하자면)
Honestly　　　　　　　　　　　　　　　　　　　실은(사실은)

Short Conversation

ⓐ I think Jimmy is a good guy.
ⓑ **Honestly**, he's my cup of tea.

ⓐ 지미는 좋은 애 같아.
ⓑ 실은, 걘 내 타입이야.　　　　　　　　　　　　　　　　　* **guy** 녀석

* 네이티브들은 자신이 좋아하는 것을 마치 즐겨 사용하는 찻잔(my cup of tea)에 비유해서 표현해요.

표현 33 I'm a movie fanatic. 제가 영화광이거든요.

어떤 일을 좋아하게 되면 남다른 애정을 갖게 되는데요, 영화에 푹 빠져 살고 있는 자신의 모습을 비춰주고 싶을 때 이 표현을 사용하죠.

ex I'm a real movie goer.   난 영화광이야.

    I'm a movie buff.   전 영화광이에요.

    I'm crazy about movies.   난 영화를 너무 좋아해.

Short Conversation

Ⓐ I like movies a lot. **I'm a real movie goer.**

Ⓑ Oh, really? That's news to me.

Ⓐ 영화를 아주 좋아해. 난 영화광이야.

Ⓑ 오, 그래? 금시초문인데.   * movie goer 영화 팬, 영화광

* 생전 처음 듣는 이야기라면 '그거 금시초문이야.'라고 말하며 맞장구치게 되는데요. That's news to me. 라고 표현해요.

표현 34 I couldn't agree more on that. 그 점에 대해서는 전적으로 동의해요.

상대방의 의견이나 생각에 전적으로 동의할 때 사용해요.
직역하면 '그 점에 대해 더 이상 동의하려고 해도 할 수 없었다.'지만, 역설적으로 말하자면 지금 백 퍼센트 같은 생각이라는 의미입니다.

ex I agree with you on that.   그 점에 있어서 당신과 동의합니다.

    I'm with you on that.   그 점에 동감입니다.

    You can say that again.   두말하면 잔소리지.

Short Conversation

Ⓐ I think it's getting hotter and hotter these days.

Ⓑ **You can say that again.** It's making me crazy.

Ⓐ 요즘 날씨가 점점 더워지는 것 같아.

Ⓑ 두말하면 잔소리지. 더운 날씨 때문에 미치겠어.   * get hotter and hotter (날씨가) 점점 더워지다

표현 35 That's good to know. 듣던 중 반가운 소리네요, 그렇다니 기쁘네요.

좋은 소식을 건네 듣게 되면 '듣던 중 반가운 소리네요.', '그렇다니 기쁘네요.'라고 말하면서
같이 기뻐하게 되죠. 네이티브들은 That's good to know.라고 표현해요.

ex I'm glad to hear that.   듣던 중 반가운 소리네요.
    I'm pleased to hear that.   그 말을 들으니 기뻐요.
    I'm happy to hear that.   그거 다행이네요.

Short Conversation

Ⓐ Finally, I bought a new car last week.
Ⓑ **I'm glad to hear that**. You're so lucky.

Ⓐ 드디어, 지난주에 새 차 샀어요.
Ⓑ 듣던 중 반가운 소리네요. 부러워요   * lucky 운이 좋은

* 우리말에 '부러우면 지는 거예요.'가 있어요. 내가 이루지 못한 일을 상대방이 거뜬하게 해내거나.
  나는 없는데 상대방은 가지고 있다면 왠지 질투심(!)이 나게 되죠. I'm so jealous of you.(당신이 부러워요.
  당신에게 질투가 나네요), You are so lucky.(부러워요)라고 해요.

MEMO

UNIT

여가

Pattern Practice

- 41 How was...?
- 42 I couldn't stop -ing
- 43 What is it that you want to...?
- 44 I try to...
- 45 You must know exactly how to...
- 46 I'm not the kind of person who...
- 47 I can..
- 48 If you don't mind, let's...

Expression Practice

- 36 I feel that way, too.
- 37 Can I ask you something personal?
- 38 Time flies.
- 39 Dinner is on me.
- 40 My mouth is already watering.

여가

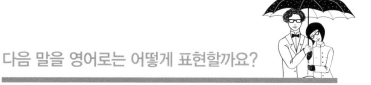

다음 말을 영어로는 어떻게 표현할까요?

1 영화는 어땠어요?

_____

2 개인적인 질문 좀 해도 돼요?

_____

3 전 그렇게 많이 즐기는 편은 아니네요.

_____

4 저녁은 제가 살게요.

_____

5 이미 군침이 도네요.

_____

대사

샘

신디

상황설명 샘은 신디와 극장에 가서 영화를 함께 보게 됩니다. 영화 관람 후 저녁 시간 전까지 둘은 근처 커피숍에 앉아 서로의 여가 활동에 대해 궁금한 점을 물어봅니다.

패턴 41

신디, 영화는 어땠어요? 지루했어요 아니면 재밌었어요?

패턴 42

너무 재밌어서 영화 끝날 때까지 웃음을 멈출 수가 없었어요.

재밌었다니 다행이네요. 짐 캐리가 영화 속에서 중요한 역할을 했던 것 같은데요.

표현 36

저 역시 그렇게 느껴요. 진짜 유머가 넘치는 사람이었어요.
할리우드에서 코미디 배우로 활동할 수 있는 재능을 타고난 것 같아요.

표현 37

그 점에 대해서는 저도 동감해요. 그건 그렇고, 개인적인 질문 좀 해도 돼요?

패턴 43

물론이죠, 물어보세요. 묻고 싶은 게 뭐죠?

여가 시간에 보통 뭐 하세요?

여가 시간에, 집에서 영화 보거나 아이패드로 인터넷 검색하죠.
당신은요? 여가 시간에 뭐해요?

패턴 44

친구랑 하이킹하거나 때로는 혼자서 다른 나라로 여행 가려고 하죠.

패턴 45

여가 시간에 어떻게 즐거운 시간을 보내는지 정확히 아는 게 틀림없어요, 맞죠?

그렇게 생각해요. 이봐요, 신디!
한가할 때 그 밖에 뭐 다른 거 하는 것 있어요? 영화보는 거 말고요.

··· 다음 페이지에 계속 ···

Sam

Cindy

Cindy, how was the movie? Was it boring or funny?

It was so funny that I couldn't stop laughing until the end of the movie.

I'm glad you enjoyed it. Jim Carrey played a great role in the movie, I guess.

I feel that way, too. He was so hilarious.
I think he's gifted with a talent for acting as a comedic actor in Hollywood.

I'm with you on that. By the way, can I ask you something personal?

Of course, go ahead. What is it that you want to ask me about?

What do you usually do in your free time?

In my free time, I watch movies at home or surf the net with my iPad.
What about you? What do you do in your leisure time?

I go hiking with a friend of mine or sometimes
I try to travel alone to another country.

You must know exactly how to enjoy yourself in your free time, right?

I think so. Hey, Cindy! Is there anything else you do
when you have some free time? I mean, besides watching movies.

··· Continued on next page ···

샘

신디

네, 있어요. 가끔은 친구들 만나 쇼핑하거나 수다 떨어요.

오, 그래요. 남자들보다는 여자들이 쇼핑과 수다를 더 좋아하는 거 같은데요.

패턴 46

네, 맞아요. 그러나 전 그렇게 많이 즐기는 편은 아니네요.

패턴 47

무슨 말 하려는지 이해할 수 있어요.

표현 38   표현 39

어머, 시간 빠르네요. 저녁 먹을 시간이에요. 나가서 멋진 레스토랑 찾아보죠.
말씀 드린 것처럼, 저녁은 제가 살게요.

패턴 48

알았어요, 고마워요. 괜찮다면, 이탈리안 음식 먹어요.
근사한 레스토랑이 어디 있는지 알거든요.

표현 40

좋아요. 먹을 생각만 해도 이미 군침이 도네요.

Sam

Cindy

Yes, there is. Sometimes I meet my friends to go shopping or chat with.

Oh, I see. I think women like shopping and chatting more than men.

Yes, exactly. But I'm not the kind of person who enjoys them that much.

I can understand what you're trying to say.

Oops! Time flies. It's about time to have dinner.
Let's get out and find a fancy restaurant. Like I said, dinner is on me.

Okay, thank you. If you don't mind, let's eat some Italian food.
I know where a good restaurant is.

That sounds good.
My mouth is already watering from just the thought of having some.

---

couldn't help –ing ~을 멈출 수가 없었다   play a great role 훌륭한 역할을 맡다   hilarious 유쾌한
be gifted with ~의 재주가 있다   in one's free(≒leisure, spare) time 여가 시간에
surf the net 인터넷 검색하다   travel alone 혼자 여행하다

Pattern Practice

패턴 41 ### How was...? ~은 어땠어요?

현재에 아닌 과거에 있었던 일이 어땠는지를 물어볼 때 How was...? 패턴으로 표현해요.
여행이 될 수도 있고 영화나 공연도 대화의 주제가 될 수 있습니다.

How was the movie? 　　　　　　　　　　영화는 어땠어요?
How was the concert? 　　　　　　　　　콘서트는 어땠어?
How was your trip? 　　　　　　　　　　여행은 어땠어요?

Short Conversation

Ⓐ Belle, **how was your trip?**
Ⓑ It was much more exciting than I expected.

Ⓐ 벨, 여행은 어땠어요?
Ⓑ 예상했던 것보다는 훨씬 더 흥미로웠어요. 　　　　* expect 기대하다. 기다리다. 예상하다

패턴 42 ### I couldn't stop -ing ~을 멈출 수 없었어요, 자꾸 ~하게 되었어요

자신의 의지와는 상관없이 어떤 행동이 지속적으로 반복될 때가 있어요. 멈추려고 해도 잘 안
되죠. 숙어로 can't stop -ing는 '~하는 것을 멈출 수 없다'예요. 동사 stop 대신에 help를 사
용하기도 하죠. 동사 help에는 avoid(피하다)라는 뜻이 있거든요.

I couldn't stop laugh**ing**. 　　　　　　웃음을 멈출 수가 없었어요.
I couldn't stop eat**ing**. 　　　　　　　자꾸 먹게 되었어요.
I couldn't stop listen**ing** in. 　　　　본의 아니게 엿들었습니다.

Short Conversation

Ⓐ I'm sorry, but **I couldn't stop listening in**.
Ⓑ That's okay. No worries.

Ⓐ 미안해요, 하지만 본의 아니게 엿들었습니다.
Ⓑ 괜찮아요. 걱정 마세요. 　　　　　　　　　　　　　　　　* listen in 엿듣다

패턴 43 What is it that you want to...? ~하고 싶은 게 뭐죠?

내가 아닌 상대방이 어떤 일을 하길 원하는지 궁금할 때가 있어요.
의문사 what을 사용하는데요, 일종의 강조 구문(!)입니다.

What is it that you want to ask me about? 묻고 싶은 게 뭐죠?
What is it that you want to order? 주문하고 싶은 게 뭔데요?
What is it that you want to do here? 여기서 하고 싶은 게 뭔데 그래?

Short Conversation

Ⓐ **What is it that you want to do here?**
Ⓑ I don't want to do anything right now.

Ⓐ 여기서 하고 싶은 게 뭔데 그래?
Ⓑ 지금은 아무것도 하고 싶지 않아.

* right now 지금

패턴 44 I try to... ~하려고 해요

노력해서 이루고 싶은 일이 있을 때 동사 try를 사용해요.
자신의 의지를 보여주고 싶다면 이 패턴을 적극적으로 활용할 수 있어요.

I try to travel alone to another country. 혼자서 다른 나라로 여행 가려고 해요.
I try to help you out. 널 도와주려고 해.
I try to exercise every day. 매일 운동하려고 해.

Short Conversation

Ⓐ Kent, do you exercise regularly?
Ⓑ **I try to exercise every day**, but it is easier said than done.

Ⓐ 켄트, 규칙적으로 운동하고 있는 거야?
Ⓑ 매일 운동하려고 하는데, 말이야 쉽지! 막상 해보면 어렵단 말야.

* every day 매일

* It is easier said than done.을 직역하면 '행동보다 말하는 게 더 쉽다.'예요.
　의역하면 '말이야 쉽지!', '행동으로 옮기는 게 더 중요해.', '행동으로 옮기는 게 쉽진 않아.'라는 뜻이죠.

패턴 45 # You must know exactly how to...

어떻게 ~하는지 정확히 아는 게 틀림없어요

조동사 must에는 '~해야 한다'처럼 의무의 뜻이 있지만, 때로는 '~임이 틀림없다'의 확신의 의미도 담겨 있어요.

ex **You must know exactly how to** enjoy yourself.

어떻게 즐거운 시간을 보내는지 정확히 아는 게 틀림없어요.

You must know exactly how to cook Korean dishes.

어떻게 한국음식을 요리하는지 정확하게 아는 게 틀림없어.

You must know exactly how to fix this.

넌 이걸 어떻게 수리하는지 확실하게 아는 게 틀림없어.

Short Conversation

Ⓐ Ashley, **you must know exactly how to cook Korean dishes**.

Ⓑ Yes, that's right. Honestly, I learned a lot from my mother.

Ⓐ 애슐리, 어떻게 한국음식을 요리하는지 정확하게 아는 게 틀림없어.

Ⓑ 응, 맞아. 솔직히, 엄마한테 많이 배웠거든.   * honestly 실은, 솔직히

패턴 46 # I'm not the kind of person who...

~하는 그런 사람 아니에요, ~하는 편은 아니에요

스스로 생각하기에 남들에게 비춰지는 모습과 상반되는 자신을 언급할 때 적합한 패턴이에요.

ex **I'm not the kind of person who** enjoy them that much.

전 그렇게 많이 즐기는 편은 아니에요.

I'm not the kind of person who likes shopping online.

온라인 쇼핑을 좋아하는 편은 아니야.

I'm not the kind of person who wakes up early every day.

매일 일찍 일어나는 그런 사람 아니에요.

Short Conversation

Ⓐ Sam, are you a morning person?

Ⓑ No, **I'm not the kind of person who wakes up early every day**.

Ⓐ 샘, 아침형 인간이에요?

Ⓑ 아니요, 매일 일찍 일어나는 그런 사람 아니에요.   * wake up early 아침 일찍 일어나다

I can... ~할 수 있어요

조동사 can은 '~할 수 있다'는 능력의 뜻이지만 '~해도 된다'라는 허락의 의미도 돼요. 자신의 능력을 말할 때 I can...이라고 합니다.

- **I can** understand what you're trying to say.   무슨 말 하려는지 이해할 수 있어요.
  I can give you a ride.   차 태워줄 수 있어요.
  I can help you out.   도와줄 수 있어요.

Short Conversation ▨▨▨▨▨▨▨▨▨▨▨▨▨▨▨▨▨▨▨▨▨▨▨▨▨▨▨▨▨

Ⓐ Bob, **I can give you a ride** if you want.
Ⓑ Oh, thanks. You're so kind.

Ⓐ 밥, 원하면 차 태워줄 수 있어요.
Ⓑ 오, 고마워요. 정말 친절하시네요.   * give ~ a ride 차를 태워주다

* 형용사 kind와 friendly에는 약간의 차이점이 있어요. 본성 자체가 상냥하고 친절한 사람을 kind라고 하고, 이와 반대로 겉모습으로 판단했을 때 친절하고 상냥하다고 느끼면 friendly라고 하죠.
서비스에 종사하는 직원이 자신을 친절하게 대해줬다고 kind라고 말할 수는 없어요. 겉으로 판단할 수가 없잖아요. 이럴 때는 friendly가 더 적합한 표현이에요.

 If you don't mind, let's... 괜찮다면, ~합시다

괜찮다고 느껴지는 생각은 한 번쯤 제안해 볼 만해요. 상대는 어떻게 생각하는지 궁금하게 되죠.

- **If you don't mind, let's** eat some Italian food.   괜찮다면, 이탈리안 음식 먹어요.
  If you don't mind, let's go out for lunch.   괜찮다면, 점심 먹으러 나갑시다.
  If you don't mind, let's drink tonight.   괜찮다면, 오늘 밤 술 한잔해요.

Short Conversation ▨▨▨▨▨▨▨▨▨▨▨▨▨▨▨▨▨▨▨▨▨▨▨▨▨▨▨▨▨

Ⓐ **If you don't mind, let's drink tonight**.
Ⓑ Let me check my schedule first.

Ⓐ 괜찮다면, 오늘 밤 술 한잔해요.
Ⓑ 우선 스케줄 좀 확인해 볼게요.   * check 확인하다

Expression Practice

표현 36 I feel that way, too. 저 역시 그렇게 느껴요.

대화 도중 자신의 생각과 상대방의 생각이 일치할 경우 왠지 공감대가 형성되게 되죠.

I think so, too.	나도 그렇게 생각해.
That makes two of us.	동감해요.(저도 그렇게 생각해요)
I agree with you.	동의해요.

Short Conversation

Ⓐ It's very important to exercise on a regular basis.

Ⓑ **I think so, too**. That's why I try to do some jogging every day.

Ⓐ 규칙적으로 운동하는 게 정말 중요해.

Ⓑ 나도 그렇게 생각해. 그 이유 때문에 매일 조깅하려고 노력은 하거든.

* do some jogging 조깅 좀 하다

표현 37 Can I ask you something personal? 개인적인 질문해도 될까요?

대화 도중 개인적이거나 사적인 질문을 하고 싶을 때가 있어요.
형용사 personal은 '사적인', '개인적인'의 뜻이에요.

Can I ask you some personal questions?	사적인 질문 좀 해도 돼요?
May I ask you some personal questions?	사적인 질문을 해도 될까요?
Would you mind if I asked you something personal?	
	개인적인 질문을 해도 되겠습니까?

Short Conversation

Ⓐ **Can I ask you some personal questions?**

Ⓑ Of course, you can. I don't mind your asking.

Ⓐ 사적인 질문 좀 해도 돼요?

Ⓑ 물론이죠, 하세요. 질문해도 괜찮아요.

* mind 상관하다, 언짢아하다

* I don't mind ~ing(~해도 상관없다)를 활용한 다른 예를 살펴볼게요. I don't mind waiting.(기다려도 난 괜찮아)
I don't mind sleeping here.(여기서 자도 난 상관없어요), I don't mind taking the bus.(버스를 타도 난 괜찮아요),
I don't mind traveling with you.(너랑 여행가도 난 괜찮아)

Time flies. 시간 빠르네요.

뭔가 재미있는 일을 하다 보면 시간이 빨리 흘러가게 돼요.
마치 시간이 새(!)처럼 날아간다고 하죠. Time flies.예요.

ex Time goes so fast. 시간 정말 빨리 가네요.
Time flies so fast. 시간 정말 빠르네요.
I didn't realize how fast the time flew. 시간이 얼마나 빨리 흘러갔는지 몰랐어요.

Short Conversation

Ⓐ **Time flies so fast**.
Ⓑ Yes, indeed. Time flies, especially when you're having fun.

Ⓐ 시간 정말 빠르네요.
Ⓑ 네, 맞아요. 특히 즐거운 시간을 갖다 보면 시간 빨리 흘러가죠. * especially 특히

 Dinner is on me. 저녁은 제가 살게요.

친구나 직장 동료들과 함께 식사할 때가 있어요. 이때 음식값은 자신이 부담하겠다고 말하며
걱정 말고 많이 먹으라고 안심시키죠. 전치사 on을 사용해요. 즉, 음식값을 나에게 달아 놓으
라는 뜻이에요.

ex I'll buy you dinner. 내가 저녁 살게.
I'll treat you to dinner. 제가 저녁 살게요.
Let me treat you to dinner. 제가 저녁 대접할게요.

Short Conversation

Ⓐ Sam, **let me treat you to dinner** tonight.
Ⓑ You don't have to do that. I'll buy this time.

Ⓐ 샘, 오늘 밤 제가 저녁 대접할게요.
Ⓑ 그럴 필요 없어요. 이번에는 제가 살게요. * treat 다루다, 대접하다

* 당연히 해야 할 당위성이 있을 때 You have to...라고 하죠. 반대로 You don't have to...는 You have to...의 부정
문이지만 '~해서는 안 된다'가 아닌 '~할 필요가 없다.'예요. You don't need to...와 같은 뜻입니다.

표현 40 My mouth is already watering. 이미 군침이 도네요.

우린 배고픈 상태에서 맛 나는 음식을 보게 되면 '군침 돈다.'라고 말하죠.
네이티브들은 자동사 water를 사용해서 표현합니다. 여기서 동사 water는 '(침) 흐르다'예요.

ex It looks good. 맛있어 보여.
It makes my mouth water. 군침 돌게 해요.
My mouth is watering. 군침이 돕니다.

Short Conversation

Ⓐ Barbara, just look at all this food.
Ⓑ Wow, it looks good. I'm going to pig out.

Ⓐ 바버라, 이 음식 좀 봐봐.
Ⓑ 와우, 맛있어 보여. 다 먹어야지. * pig out 폭식하다, 많이 먹다

* 숙어로 pig out은 '많이 먹다', '폭식하다', '잔뜩 먹다'입니다. 맛있는 음식을 보게 되면 나도 모르게 pig out 안 할
수가 없어요. 마치 돼지들이 음식 먹듯이(!) 먹는 모습을 비유한 표현이에요.

MEMO

QR코드를 찍어
원어민의 음성을
들어보세요!

UNIT

07

산책

다음 말을 영어로는 어떻게 표현할까요?

1 무슨 일 있어요?

_____

2 걷는 게 나을 것 같아요.

_____

3 일리가 있네요.

_____

4 사는 게 다 그렇죠! 뭐.

_____

5 그래픽 디자이너예요.

_____

대사

샘

신디

상황설명 샘은 신디와 함께 근처에 있는 이탈리안 레스토랑으로 걸어갑니다.
걷는 도중에 신디는 샘과 이런 저런 얘기를 나누게 되죠.

패턴 49
샘, 여기서 그 레스토랑까지 가는 데 얼마나 걸리죠?

택시로 2분 정도요.

패턴 50
그러면 택시 타는 것 보다 걷는 게 낫겠네요.

표현 41
왜요? 무슨 일 있어요?

표현 42   **패턴 51**
아니요, 제 말은, 여기서 걸어서 갈 수 있는 거리니깐, 걷는 게 나을 것 같아요.

표현 43
일리가 있네요. 알았어요. 걸어서 거기 가죠.

패턴 52
실은, 이맘때 마지막으로 외출한 것이 몇 주 만이거든요.

최근에 상당히 바쁘셨겠어요, 그렇죠?

표현 44
그렇게 생각해요. 하지만 사는 게 다 그렇죠! 뭐.

표현 45   **패턴 53**
네, 맞는 말이에요. 사실은, 저 역시 프로젝트 끝낼 때까지 숨 쉴 틈조차도 없었어요.

··· 다음 페이지에 계속 ···

Sam

Cindy

Sam, how long will it take to get to that restaurant from here?

Just about two minutes by taxi, I guess.

Then I would rather walk than take a taxi.

Why? Is there anything wrong?

No, I mean, it's just within walking distance from here,
so I think we'd better walk.

That makes sense. Okay, let's walk there.

In fact, it's been a few weeks since I last went out at this time of the day.

You must have been pretty busy lately, right?

I think so. But that's the way it goes.

Yeah, you hit it right on the nose. As a matter of fact,
I didn't have time to breathe until I finished my project as well.

··· Continued on next page ···

샘

신디

오, 그래요. 샘, 어떤 계통의 일을 하는지 물어봐도 돼요?

물론이죠, 컴퓨터업에 종사하고 있어요. 당신은요?

패턴 54

그래픽 디자이너예요. 전 제 일을 너무나도 사랑해요.

그렇다니 다행이네요.

그런데 말이에요, 아직 도착하려면 멀었나요?

표현 46
네, 다 왔어요. 여기에요.

와우, 근사해 보여요.

어서요, 안으로 들어갑시다.

Sam

Cindy

Oh, I see. Sam, can I ask what line of work you are in?

Sure, I'm in the computer industry. Cindy, how about yourself?

I'm a graphic designer. I love my job so much.

That's good to know.

Anyway, are we there yet?

Yes, this is it.

Wow, it looks awesome.

Come on. Let's go inside, shall we?

take a taxi 택시를 타다   walking distance 걸어갈 수 있는 거리, 가까운 거리   make sense 일리가 있다
in fact 사실은   at this time of the day 하루 이맘때   pretty busy 상당히 분주한
as a matter of fact 실은, 사실은   awesome 훌륭한, 최고인   go inside 안으로 들어가다

Pattern Practice

 49 How long will it take to...? ~하는 데 얼마나 걸리죠?

목적지에 도착하거나 어떤 행동을 취하기 위해 걸리는 시간이 얼마나 되는지 알고자 할 때 사용해요.

> **How long will it take to** get to this hotel?   이 호텔까지 가는 데 얼마나 걸리죠?
> **How long will it take to** get there?   그곳에 도착하는 데 얼마나 걸리죠?
> **How long will it take to** get my car fixed?   차 수리하는 데 얼마나 걸려요?

Short Conversation

Ⓐ **How long will it take to get there?**
Ⓑ It depends on the traffic conditions.

Ⓐ 그곳에 도착하는 데 얼마나 걸리죠?
Ⓑ 도로 사정에 따라 달라요.

* traffic condition 도로 사정

 50 I would rather- than... ~하는 것보다 …하는 게 낫겠네요

둘 중 어느 하나를 선택해서 말해야 할 경우, '~하는 것 보다 …하는 게 낫다'라는 의미로 쓰이는 패턴이에요.

> **I would rather** walk **than** take a taxi.   택시 타는 것보다 걷는 게 낫겠네요.
> **I would rather** go home **than** stay here.   여기 있는 것보다 집에 가는 게 더 나.
> **I would rather** drink **than** work.   일하는 것보다 술 마시는 게 더 낫겠어.

Short Conversation

Ⓐ **I would rather drink than work**.
Ⓑ Then let's go out for a drink right now.

Ⓐ 일하는 것보다 술 마시는 게 더 낫겠어.
Ⓑ 그럼 지금 술 마시러 나가자.

* go out for a drink 술 마시러 나가다

패턴 **51** I think we'd better... ~하는 게 나을 것 같아요

스스로 판단하기에 어떻게 행동하는 것이 낫겠다고 느껴질 때 사용하죠. 동사 think는 '생각하다'예요. 자신의 생각을 직설적으로 말하기보다는 약간 누그러트려 표현해야 상대방의 감정을 상하지 않게 할 수 있어요. 이때 '~인 것 같다'라는 뜻이 바로 I think예요.

ex **I think we'd better** walk. 걷는 게 나을 것 같아요.

　　I think we'd better stay inside. 안에 머무르는 게 나을 것 같다.

　　I think we'd better hurry up. 우리 서두르는 게 낫겠어요.

Short Conversation

Ⓐ The last train for Chicago leaves in five minutes.

Ⓑ Then **I think we'd better hurry up**.

Ⓐ 시카고행 마지막 기차가 5분 후에 떠나요.

Ⓑ 그러면 우리 서두르는 게 낫겠어요. * hurry up 서두르다

 패턴 **52** It's been- since I last... 마지막으로 ~한 게 -이거든요

누구를 만나든지 어떤 일을 하든지 자주 만나야 하고 접해야 하죠.
마지막으로 언제 했는지 기억이 가물가물할 때 It's been- since I last...로 표현하면 됩니다.

ex **It's been** a few weeks **since I last** went out at this time of the day.

　　　　　　　　　　　　　　　　　　이맘때 마지막으로 외출한 것이 몇 주 만이거든요.

　　It's been a long time **since I last** saw you. 널 마지막 본 게 언제지 까마득해.

　　It's been a few months **since I last** traveled to Paris.

　　　　　　　　　　　　　　　　마지막으로 파리로 여행한 게 몇 달 전이었어요.

Short Conversation

Ⓐ Lucy! **It's been a long time since I last saw you**.

Ⓑ Tony? Good to see you. You haven't changed a bit.

Ⓐ 루시! 널 마지막 본 게 언제지 까마득해.

Ⓑ 토니? 만나서 반가워. 넌 변한 게 하나도 없네.

* 누군가를 다시 만나게 되면 기쁩니다. 이런 자신의 마음을 잘 표현한 말이 Good to see you.예요.

53 **I didn't have time to...** ~할 틈조차도 없었어요, ~할 시간도 없었어요

일에 푹 빠져 살다 보면 뭔가를 할 시간의 여유조차도 갖지 못하게 되죠. 명사 time을 활용해서 표현합니다. 단 시제가 현재가 아닌 과거일 때는 don't가 아닌 didn't가 되어야 해요.

I didn't have time to breathe. 숨 쉴 틈조차도 없었어요.
I didn't have time to have a bath. 목욕할 시간이 없었어.
I didn't have time to call him. 걔에게 전화 걸 시간이 없었어.

Short Conversation

Ⓐ James, did you call Sam last night?
Ⓑ No, **I didn't have time to call him**.

Ⓐ 제임스, 지난밤에 샘한테 전화했어?
Ⓑ 아니, 걔에게 전화 걸 시간이 없었어.

54 **I'm a...** ~예요

자신의 직업이나 신분을 말할 때 I'm a...으로 표현하죠.
단 이름을 언급할 때는 부정관사 a나 an을 사용하지는 않아요.

I'm a graphic designer. 전 그래픽 디자이너예요.
I'm an office worker. 직장인이에요.
I'm a tourist. 여행객이에요.

Short Conversation

Ⓐ What kind of work do you do?
Ⓑ **I'm a graphic designer**.

Ⓐ 어떤 일을 하시죠?
Ⓑ 전 그래픽 디자이너예요.

* 우린 '직장인' 또는 '세일즈맨'이라고 하는데 네이티브들은 office worker라고 해요. 사무실에서 일하는 사람이라(!) 말 되네요.

Expression Practice

 41 ## Is there anything wrong? 무슨 일 있어요?

누군가가 평소와는 사뭇 다른 표정이나 행동을 보이게 되면 근심스러운 표정으로 '무슨 일 있어요?', '왜 그래요?'라고 묻게 되죠. Is there anything wrong?이에요.

☞ Anything wrong?	뭐 잘못됐어?
What is it?	왜 그래?
What's the matter?	뭐가 문제야?

Short Conversation

Ⓐ Hey, what's wrong? **What is it?**

Ⓑ My car broke down again.

Ⓐ 이봐, 무슨 일이야? 왜 그래?

Ⓑ 차가 또 고장 났어.

* break down 고장 나다

 42 ## It's just within walking distance. 걸어서 갈 수 있는 거리예요.

찾고자 하는 장소가 주위 가까이에 있을 때 이 표현으로 말해요. 여기서 walking distance는 '걸어갈 수 있는 거리' 즉, '아주 가까운 거리'를 의미하는 거죠.

☞ It's within walking distance.	걸어서 갈 수 있는 곳이야.
It's within spitting distance.	엎어지면 코 닿을 거리예요.
It's close from here.	여기서 가까워요.

Short Conversation

Ⓐ How long does it take to the airport from here?

Ⓑ **It's within spitting distance.**

Ⓐ 여기서 공항까지 얼마나 걸려요?

Ⓑ 엎어지면 코 닿을 거리예요.

* distance 거리

* 마치 침 뱉으면 닿을 것 같은 가까운 거리에 있다는 말을 네이티브들은 It's within spitting distance.로 표현하죠.

That makes sense. 일리가 있네요.

남이 한 말이 자신의 판단으로 볼 때 어느 정도 설득력이 있다고 생각되면 긍정적인 답변을 주게 됩니다. 숙어로 make sense는 '일리가 있다'예요.

ex That doesn't make sense.   말도 안 돼.(납득이 안 가)

That's nonsense.   터무니없는 소리야.

I guess that makes sense.   일리가 있는 거 같네요.

Short Conversation

Ⓐ I'm afraid we'll have to cancel our flight.

Ⓑ What? **That doesn't make sense**.

Ⓐ 우리 비행을 취소해야 할 것 같아.

Ⓑ 뭐? 말도 안 돼.   * cancel one's flight 비행을 취소하다

 That's the way it goes. 사는 게 다 그렇죠! 뭐.

살다 보면 좋은 일도 있고 나쁜 일도 있게 마련이죠. 사는 게 다 똑같습니다. 자신이라고 별다를 게 있냐고 말하며 낙담하고 있는 친구나 동료에게 위로의 말 한마디를 건넬 수 있어요.

ex That's life.   그게 인생이야.

Such is life.   인생이 다 그런 거지, 뭐.

That's the way love goes.   사랑이 다 그렇지, 뭐.

Short Conversation

Ⓐ I didn't realize I could give up on her so easily.

Ⓑ **That's the way love goes**. Keep your chin up.

Ⓐ 내가 그녀를 그렇게 쉽게 단념할 거라곤 미처 깨닫지 못했어.

Ⓑ 사랑이 다 그렇지, 뭐. 힘내.   * easily 쉽게

* 마이클 잭슨(Michael Jackson)의 여동생인 자넷 잭슨(Janet Jackson)이 불러 인기를 얻었던 노래 중에 That's The Way Love Goes라는 곡이 있어요. '사랑이 다 그렇죠, 뭐.'라는 뜻입니다.

표현 45 You hit it right on the nose/head. 맞는 말이에요.

정곡을 찌르는 말을 듣게 되면 '맞는 말이야.', '정말 그래.', '맞아, 맞아.'라고 하며 자신도 같은 생각이라고 말하게 되죠.
즉, 내가 하고 싶은 말을 네가 정확하게 콕 집어냈다는 의미가 깔려있는 겁니다.

ex Exactly.	바로 그래.
You said it.	맞는 말이에요.(여부가 있겠습니까?)
I couldn't agree more.	전적으로 동의해요.

Short Conversation

Ⓐ Let's head back home.
Ⓑ **You said it**. I'm exhausted now.

Ⓐ 집으로 돌아갑시다.
Ⓑ 여부가 있겠습니까? 난 지금 지쳤어요.   * exhaust 지치다, 피곤하다

* 자동사로 사용된 head에는 '~로 나아가다', '향하다'의 뜻이 있어요. 전치사 for를 취하는데요, 여기서 home이 명사가 아닌 부사예요. 다시 말해서 '~로'의 뜻인 전치사 for의 의미가 내포되었어요.

표현 46 This is it. 다 왔어요, 여기에요, 이상입니다.

이 표현은 상황에 따라 다양한 의미를 가집니다. 가고자 하는 목적지에 도착하게 되면 '다 왔어요.', '여기에요.'의 뜻으로, 자신의 의견이나 생각을 솔직하게 말한 뒤 여운을 남기고자 할 때는 '이상입니다.', '이 정도입니다.'의 의미로 사용되죠.

ex We're almost there.	거의 다 왔어요.
That's all.	이상입니다.
That's about it.	대략 그 정도예요.

Short Conversation

Ⓐ Excuse me, are we there yet?
Ⓑ No, but **we are almost there**.

Ⓐ 실례지만, 아직 도착하려면 멀었나요?
Ⓑ 아니요, 거의 다 왔어요.

MEMO

QR코드를 찍어
원어민의 음성을
들어보세요!

U N I T

가족

Pattern Practice

Expression Practice

가족

1 가족에 대해 물어봐도 될까요?

_____

2 혹시 형제자매 있어요?

_____

3 그 기분 이해해요.

_____

4 언니 좋다는 게 뭐예요.

_____

5 생각할 시간 좀 주시겠어요?

_____

대사

샘

상황설명 저녁 식사 도중 샘은 신디에게 가족에 대해 궁금한
점이 있어 묻게 됩니다.
서로의 가족 얘기로 오붓한 시간을 보내게 되죠.

신디

패턴 55
신디, 가족에 대해 물어봐도 될까요?

물론이죠. 알고 싶은 거 있으면 뭐든지 물어보세요.

패턴 56
고마워요. 가족이 몇 명이에요?

패턴 57
네 명이에요.

패턴 58
혹시 형제자매 있어요?

언니가 있어요. 제가 막내거든요. 어렸을 때, 아빠가 절 많이 사랑했어요.
언니가 그것 때문에 절 시기하곤 했죠.

패턴 59　　　　　　　　　**패턴 60**
오, 그래요. 실은, 형제가 없어요. 전 외동이거든요. 그 때문에 어린 시절에
부모님으로부터 사랑을 한 몸에 받았어요. 하지만 요즘 점점 나이가 들어가면서,
종종 외로움을 느껴요.

표현 47　　　**패턴 61**　　　**표현 48**
그 기분 이해해요. 기분이 처지거나 우울할 때마다
기분 전환으로 언니에게 전화해서 수다 떨어요.

표현 49　　　**표현 50**　　　**패턴 62**
부러워요, 신디. 언니 좋다는 게 뭐예요. 저라면, 직장 동료들과
나가 술 마실 거예요.

패턴 63
정말이요? 전 술보다는 얘기하는 게 훨씬 좋아요.
그런데 말이에요, 샘, 부모님께 자주 전화하세요?

패턴 64

··· 다음 페이지에 계속 ···

Script

Sam

Cindy

Cindy, is it okay if I ask you about your family?

Sure, you can ask me whatever you want to know.

Thanks. How many people are in your family?

There are four in my family.

Do you have any brothers or sisters?

I have an elder sister. I'm the youngest daughter in my family. When I was a kid, my father loved me a lot. So my sister used to be jealous of me for that.

Oh, I see. Honestly, I don't have any siblings. You see, I'm an only child. That's why I got all the love from my parents in my childhood. But these days as I get older, I feel lonely from time to time.

I know how you feel. Whenever I feel depressed or blue, I try to call my sister and have a chat with her over the phone to make myself feel better.

You're so lucky, Cindy. That's what sisters are for. If I were you, I would go out for a drink with my coworkers.

Really? I much prefer talking to drinking. By the way, Sam, do you call your parents very often?

···· Continued on next page ····

샘

신디

표현 51 패턴 65
자주는 못 해요. 늘 항상 많은 업무에 시달리고 있기 때문이에요.
어때요, 신디는? 얼마나 자주 부모님께 전화 드리세요?
패턴 66

적어도 하루 한 번 정도는 전화해요.

부모님에게 참 좋은 딸인 게 분명해요.

글쎄요, 그러려고 노력은 하죠.

패턴 67
이봐요, 신디! 괜찮으시다면, 아름다운 풍경으로 잘 알려진 곳으로
안내해드리고 싶어요. 어때요?
패턴 68

패턴 69
생각할 시간 좀 주시겠어요?

물론이죠. 결정되면 전화하세요.

알겠어요, 그럴게요.

Sam

Cindy

Not really. That's because I'm always tied up with too much work. What about you, Cindy? How frequently do you call your parents?

I call them at least once a day.

You must be a good daughter to your parents.

Well, I try to be.

Hey, Cindy! If it is okay with you, I would like to take you to a place which is well-known for its beautiful scenery. What do you think?

Could you let me sleep on it?

Of course. Please call me when you decide.

Okay, I will.

---

be jealous of ~을 시기하다, ~을 질투하다   siblings 형제자매   from time to time 종종, 가끔
have a chat with ~와 수다 떨다   over the phone 전화상으로   go out for a drink 술 마시러 나가다
be tied up with ~로 바쁘다   be well-known for ~로 잘 알려져 있다   sleep on it 곰곰이 생각하다

Pattern Practice

패턴 55 Is it okay if...? ~해도 될까요?

어떤 행동을 취하기 전에 먼저 상대방으로부터 허락을 받아야 되는 경우가 있어요.
Is it okay if 다음에 '주어+동사'의 구조로 말하면 되죠.

ex **Is it okay if** I ask you about your family? 　　가족에 대해 물어봐도 될까요?
　　Is it okay if I leave now? 　　지금 떠나도 돼요?
　　Is it okay if I park here? 　　여기에 주차해도 될까요?

Short Conversation

Ⓐ **Is it okay if I leave now?**
Ⓑ **Sure, do as you please.**

Ⓐ 지금 떠나도 돼요?
Ⓑ 물론이죠, 그렇게 하세요. 　　* **leave** 떠나다, 맡기다

* 상대방이 어떻게 행동하든 난 전혀 개의치 않으니깐 '좋을 대로 하세요.', '그렇게 하세요.'의 뜻으로 네이
　티브들은 Do as you please.라고 표현해요.

패턴 56 How many...? 몇 명...?, 얼마나 많은...?

수량형용사 many 다음에 사람이나 사물을 넣어 '얼마나 많은~'의 뜻으로 질문할 수 있어요.

ex **How many** people are in your family? 　　가족이 몇 명이에요?
　　How many are there in your party? 　　일행이 몇 분입니까?
　　How many countries have you visited so far?

　　　　　　　　　　　　　　　지금까지 얼마나 많은 국가를 다니셨죠?

Short Conversation

Ⓐ **How many are there in your party?**
Ⓑ **There are four.**

Ⓐ 일행이 몇 분입니까?
Ⓑ 네 명이에요. 　　* **party** 일행

패턴 57 There are... ~있어요

뭔가가 있다, 없다고 할 때 유도부사 there를 사용해요. Be동사의 수는 뒤에 나오는 명사에 의해 결정되죠. 명사가 주어 역할을 하며 사람이나 사물이 될 수 있어요.

ex **There are** four in my family. 네 명이에요.
There are two elder brothers. 두 명이 형들이 있어요.
There are five people in my family. 가족 구성원이 다섯 명입니다.

Short Conversation

Ⓐ How many are there in your family?
Ⓑ **There are five people in my family.**

Ⓐ 가족은 몇 명이에요?
Ⓑ 가족 구성원이 다섯 명입니다. * family 가족

패턴 58 Do you have any...? 혹시 ~이 있어요?

가족 중에 형제나 자매가 있는지, 할아버지 또는 할머니께서 계시는지 물어 볼 수 있는데요, 알고 싶은 대상을 any(누군가) 다음에 넣으면 되죠.

ex **Do you have any** brothers or sisters? 혹시 형제나 자매 있어요?
Do you have any siblings? 혹시 형제자매 있어요?
Do you have any younger sisters? 혹시 여동생들이 있나요?

Short Conversation

Ⓐ **Do you have any siblings?**
Ⓑ Of course, I do. I come from a large family.

Ⓐ 형제자매 있어요?
Ⓑ 물론, 있어요. 대가족이거든요. * large family 대가족

* 남들과 비교해 볼 때 유난히 형제나 자매가 많은 사람이 있어요. 한마디로 대가족이죠.
 I come from a large family.가 이 상황에 딱 어울리는 표현이에요.

패턴 59 I don't have any... ~이 없어요

현재 가지고 있지 않은 것을 언급할 때 사용해요. 사람이나 사물이 대화의 중심이 되죠.

I don't have any siblings.   형제자매가 없어요.
I don't have any brothers.   남자 형제가 없어요.
I don't have any sisters.   여자 형제는 없어.

Short Conversation

Ⓐ Cindy, do you have any sisters?
Ⓑ No, **I don't have any sisters**. I only have a brother.

Ⓐ 신디, 여자 형제가 있어?
Ⓑ 아니, 여자 형제는 없어. 오빠만 있어.

패턴 60 That's why... 그 때문에 ~해요

이유를 먼저 설명하고 결론을 그다음에 언급할 때 That's why...(그 때문에 ~해요)로 말합니다.

That's why I got all the love from my parents in my childhood.
그 때문에 어린 시절에 부모님으로부터 사랑을 한 몸에 받았어요.
That's why I was a little late for the meeting.   그 때문에 회의에 좀 늦었어.
That's why I miss her so much.   그 이유로 그녀가 너무 그리워요.

Short Conversation

Ⓐ You slept in this morning, didn't you?
Ⓑ Yes, I did. **That's why I was a little late for the meeting**.

Ⓐ 너 오늘 아침에 늦잠 잤지, 그렇지?
Ⓑ 응, 맞아. 그 때문에 회의에 좀 늦었어.   * sleep in 늦잠 자다

* 스스로 어느 정도 확신하는 상황에서 뭔가를 다시금 확인하기 위해 사용하는 의문문이 바로 부가 의문문이에요. 일반 동사가 slept이므로 뒤에는 didn't you처럼 부정으로 표현하는데요. 구어체에서는 앞에 나오는 동사와 상관없이 right을 넣어 말해요. You slept in this morning, right?처럼 말이에요.

패턴 **61** **I feel...** ~ 느껴요, ~한 기분이 들어요

자신의 기분 따위를 표현할 때 사용하는 패턴입니다.
기분이 우울한 거부터 배고픈 상태까지 두루두루 잘 표현할 수 있죠.

ex **I feel** lonely from time to time. 종종 외로움을 느껴요.
   I feel depressed today. 오늘은 기분이 우울해.
   I feel a little hungry. 좀 배고파요.

Short Conversation

Ⓐ How do you feel today, Richard?
Ⓑ Well, **I feel depressed today**.

Ⓐ 오늘 기분 어때, 리차드?
Ⓑ 글쎄, 오늘은 기분이 우울해. * depressed 우울한

 패턴 **62** **If I were you, I would...** 저라면, ~할 거예요

때로는 내가 아닌 상대방의 입장이 되어 뭔가를 결정해야 할 때가 있어요.
네이티브들은 If I were you, I would...라고 표현합니다.

ex **If I were you, I would** go out for a drink with my coworkers.
   저라면, 직장 동료들과 나가 술 마실 거예요.
   If I were you, I would take a day off. 내가 너라면, 하루 쉴 거야.
   If I were you, I would ask him for help. 저라면, 그에게 도움 요청할 거예요.

Short Conversation

Ⓐ I'm really stressed out with my work. I don't know what to do.
Ⓑ **If I were you, I would take a day off**.

Ⓐ 일 때문에 정말 스트레스받아 죽겠어. 뭘 해야 할지 모르겠단 말이야.
Ⓑ 내가 너라면, 하루 쉴 거야. * take a day off 하루 쉬다

* 숙어로 be stressed out은 '스트레스를 받다'입니다. 스트레스와 관련된 다른 표현을 살펴볼게요.
  relieve one's stress(스트레스를 해소하다), beat one's stress(스트레스를 풀다), feel stressed out (스트레스를 많이 받다), be under a lot of stress(스트레스를 엄청 받다), get stressed out(스트레스받다)

63 # I much prefer- to... 전 ~보다는 −하는 게 훨씬 좋아요

둘 중에 하나를 더 좋아하면 이 패턴으로 표현하죠.
숙어로 prefer A to B는 'B보다는 A 하는 게 훨씬 좋다'예요.

ex **I much prefer** talking **to** drinking.　　　　　전 술보다는 얘기하는 게 훨씬 좋아요.
I much prefer walking **to** riding a bike.　　난 자전거 타는 것보다 걷는 걸 더 좋아해.
I much prefer swimming **to** hiking.　　　하이킹보다는 수영하는 게 훨씬 좋아요.

Short Conversation

Ⓐ **I much prefer walking to riding a bike**.
Ⓑ Oh, really? I like both of them.

Ⓐ 난 자전거 타는 것 보다 걷는 걸 더 좋아해.
Ⓑ 오, 정말이야? 난 둘 다 좋은데.　　　　　　　　* ride a bike 자전거 타다

 64 # Do you... very often? 자주 ~하세요?

어떠한 행동을 자주 하는지 궁금할 때 빈도부사 often(종종)을 넣어 표현하죠.
운동을 자주 하는지, 여행을 자주 하는지, 묻고 싶은 내용이 다양합니다.

ex **Do you** call your parents **very often?**　　　부모님께 자주 전화하세요?
Do you travel with your family **very often?**　　가족과 여행은 자주 해?
Do you visit your parent's house **very often?**　부모님 집은 자주 방문하세요?

Short Conversation

Ⓐ **Do you travel with your family very often?**
Ⓑ I wish I could, but I'm so busy working every day.

Ⓐ 가족과 여행은 자주 해?
Ⓑ 그랬으면 좋겠지만, 매일 일 때문에 너무 정신없어.　　* be busy −ing −하느라 바쁘다

* 도움을 요청하거나 뭔가를 같이 하자고 제안하는 친구나 동료에게 직설적으로 '노'라고 대답할 수 있어요.
하지만 때로는 우회적으로 돌려서 거절하는 것이 상대방의 기분을 상하지 않게 할 수 있거든요.
바로 I wish I could, but...처럼 말이에요.

That's because... ~하기 때문이에요, ~하기 때문에 그래요

구어체에서 That's because... 다음에는 결과가 아닌 이유가 나옵니다.
다시 말해서 어떤 결과에 대한 이유를 구체적으로 나열할 때 유용한 패턴이에요.

ex **That's because** I'm always tied up with too much work.

늘 항상 많은 업무에 시달리고 있기 때문이에요.

That's because I can't sleep well these days. 요즘 잠을 잘 못 자서 그래.
That's because I didn't know the truth. 사실을 몰랐기 때문이야.

Short Conversation

Ⓐ Cindy, you look so tired today.
Ⓑ **That's because I can't sleep well these days**.

Ⓐ 신디, 오늘 무척 피곤해 보여.
Ⓑ 요즘 잠을 잘 못 자서 그래. * sleep well 잠을 잘 자다

 How frequently do you...? 얼마나 자주 ~하세요?

어떤 행동을 얼마나 자주 하는지 그 빈도를 묻는 말이에요.
부사 frequently는 '자주', '빈번히'의 뜻이에요.

ex **How frequently do you** call your parents? 얼마나 자주 부모님께 전화 드리세요?
How frequently do you get a hold of him? 얼마나 자주 걔와 연락해?
How frequently do you go to your hometown? 고향에는 얼마나 자주 가?

Short Conversation

Ⓐ **How frequently do you go to your hometown?**
Ⓑ At least once a month.

Ⓐ 고향에는 얼마나 자주 가?
Ⓑ 적어도 한 달에 한 번은 가. * at least 적어도

패턴 **67** **If it is okay with you, I would like to...** 괜찮으시다면, ~하고 싶어요

정중하게 자신이 하고 싶은 일을 언급할 때 사용해요. 숙어로 would like to+동사원형은 '~하고 싶어요'예요. 동사 like은 '좋아하다'지만 조동사 would를 넣어 표현하면 '~하고 싶다' 가 되는 거죠.

If it is okay with you, I would like to take you there by car.

괜찮으시다면, 차로 그곳까지 모셔다드리고 싶어요.

If it is okay with you, I would like to drive you home tonight.

괜찮다면, 오늘 밤 차로 집까지 바래다주고 싶어요.

If it is okay with you, I would like to ask you something personal.

괜찮으시다면, 개인적인 질문을 하고 싶습니다.

Short Conversation

Ⓐ **If it is okay with you, I would like to drive you home tonight**.

Ⓑ Thank you for offering, but my friend will be here to pick me up.

Ⓐ 괜찮다면, 오늘 밤 차로 집까지 바래다주고 싶어요.

Ⓑ 제안은 고마워요, 하지만 친구가 절 데리러 올 거예요.   * pick up 데리러 오다

패턴 **68** **What do you think (of)...?** ~어때요?, ~을 어떻게 생각해요?

자신의 생각 보다는 상대방의 생각이 어떤지 알고 싶을 때가 있어요.
전치사 of 다음에 나오는 대상이 서로 나누는 대화의 핵심이 됩니다.

What do you think?   어때요?

What do you think of my suggestion?   내 제안 어떻게 생각해?

What do you think of this place?   이 장소 어때요?

Short Conversation

Ⓐ **What do you think of this place?**

Ⓑ I think it's so beautiful.

Ⓐ 이 장소 어때요?

Ⓑ 너무 아름다운 것 같아요.   * beautiful 아름다운

* What do you think of~?와 What do you think about~?에는 약간의 차이가 있어요.
  전자는 지금 머릿속에서 떠오르는 대로 말하라는 뜻이지만, 후자는 시간을 좀 두고 곰곰이 생각한 후 말
  하라는 의미예요. 전치사 about을 사용하면 좀 더 심사숙고하라는 뜻이랍니다.

Could you...? ~해주시겠어요?

뭔가를 부탁하거나 요구하고 싶을 때 정중하게 말을 건네야만 하죠. 우리말도 '아' 다르고 '어' 다른 것처럼 같은 의미를 갖는 말이라고 좀 더 공손하게 부탁하면 쉽게 들어줄 수 있거든요.

- **Could you** let me sleep on it?   생각할 시간 좀 주시겠어요?
  Could you give me some advice?   충고 좀 주시겠어요?
  Could you help me find this place?   이 장소 찾는 거 도와주시겠어요?

Short Conversation

Ⓐ **Could you please help me find this place?**
Ⓑ **I'm sorry, I'm new here myself.**

Ⓐ 이 장소 찾는 거 도와주시겠어요?
Ⓑ 죄송하지만, 저도 여기는 처음이에요.

* 여행 도중 처음 방문하는 도시나 장소라면 지나가는 행인에게 길을 묻게 됩니다. 이때 누군가가 I'm new here myself.라고 말하면 '이곳이 초행길이에요.', '저도 여기는 처음이에요.'라는 뜻이에요.

Expression Practice

 47 ## From time to time 종종, 때때로, 가끔

늘 습관적으로 반복하는 일도 있고 가끔은 시간의 여유가 있어 하는 일도 있어요. 여행이든 운동이든 상관없죠. 우리말 '가끔', '이따금', '때때로'에 해당되는 표현이 from time to time이에요.

Occasionally	이따금
Now and then	가끔(때때로)
Once in a while	때때로(가끔)

Short Conversation

Ⓐ How often do you go out for dinner?
Ⓑ **From time to time**.

Ⓐ 얼마나 자주 외식해?
Ⓑ 가끔 해.

* go out for dinner (저녁) 외식하다

 48 ## I know how you feel. 그 기분 이해해요.

상대방의 기분이나 감정 따위를 충분히 이해하고 있다고 얘기할 때 사용해요.
즉, 나도 같은 입장이라 지금 어떤 느낌과 기분이 드는지 잘 알고 있다는 얘기입니다.

I know where you are coming from.	그 기분 이해해요.
I know what you're talking about.	무슨 말 하려는지 알아.
I hear you.	이해가 돼.

Short Conversation

Ⓐ I think Tony is a little stubborn.
Ⓑ **I know what you're talking about**.

Ⓐ 토니는 좀 고집 센 것 같아.
Ⓑ 무슨 말 하려는지 알아.

* stubborn 고집 센

49 You are so lucky. 부러워요.

모든 점에서 나보다 월등한 사람을 보게 되면 부럽기도 하면서 한편으로는 질투심이 나기도 하죠. 형용사 lucky는 '운이 좋은'의 뜻이에요.

ex I wish I were in your shoes. 내가 너라면 좋겠어.
I wish I were you. 부러워.(내가 너라면 좋겠어)
I'm so jealous of you. 난 네가 너무 부러워.

Short Conversation

Ⓐ From now on, I'm able to travel alone.
Ⓑ **I wish I were in your shoes**.

Ⓐ 지금부터, 혼자 여행할 수 있어.
Ⓑ 내가 너라면 좋겠어. * from now on 지금부터

* I wish I were in your shoes.에서 shoes는 '신발'이지만 구어체에서는 '입장'이라는 뜻으로도 사용됩니다.

50 That's what sisters are for. 언니 좋다는 게 뭐예요.

팝스타 도니 워위크(Donnie Warwick)이 불러 인기를 얻은 That's what friends are for.라는 곡이 있어요. '친구 좋다는 게 뭐야?'의 뜻이죠.

ex That's what brothers are for. 형제 좋다는 게 뭐야?
That's what parents are for. 부모님 좋다는 게 됩니까?
That's what a mother is for. 엄마 좋다는 게 뭐야?

Short Conversation

Ⓐ Thanks for your help.
Ⓑ It's nothing. **That's what brothers are for**.

Ⓐ 도와줘서 고마워.
Ⓑ 별거 아냐. 형제 좋다는 게 뭐야? * thanks for ~에 감사하다

* 남으로부터 칭찬이나 감사의 말을 듣게 될 때 별일도 아니니 크게 개의치 말라고 얘기할 수 있어요.
It's nothing. 처럼 말이에요.

표현 51 I'm always tied up. 늘 항상 바빠요.

정신없이 바쁘게 사는 자신을 마치 뭔가에 묶여 오도 가도 못 하는 상태로 묘사하는 말이에요. I'm always tied up with work.(일로 늘 정신없이 바빠), I'm tied up with something urgent.(급한 일로 매여 있단 말이야)식으로도 표현합니다.

I'm always pretty busy.	늘 매우 바빠.
I'm always as busy as a bee.	늘 항상 정신없이 바빠요.
I'm always swamped with work.	늘 일 때문에 정신없어.

Short Conversation

Ⓐ John, how are you getting along these days?

Ⓑ **I'm always swamped with work.**

Ⓐ 존, 요즘 어떻게 지내고 있어?

Ⓑ 늘 일 때문에 정신없어.   * be swamped with ~로 꼼짝달싹 못 하다

* How are you getting along these days?(요즘 어떻게 지내?)에서 get along에는 '사이좋게 지내다',
  '그럭저럭 잘 해내다', '어울리다'처럼 다양한 뜻이 있어요.

MEMO

QR코드를 찍어
원어민의 음성을
들어보세요!

여행

여행

다음 말을 영어로는 어떻게 표현할까요?

1 기다리게 해서 죄송해요.

_____

2 방금 도착했어요.

_____

3 정말 환상적이었어요.

_____

4 진심이세요?

_____

5 기꺼이 그렇게 해 드리죠.

_____

샘

신디

대사

상황설명 신디는 샘의 제안을 곰곰이 생각합니다.
나쁘지 않을 것 같다는 생각에 샘의 차로 여행을
함께 떠납니다.

패턴 70
기다리게 해서 죄송해요.

표현 52 **패턴 71**
괜찮아요. 걱정 말아요.

패턴 72
오래 기다렸어요?

표현 53
아니요, 방금 도착했어요. 어서요, 제 차에 타시죠.
그곳까지 모셔다드릴게요. 빨리 타세요.

패턴 73
고마워요. 샘, 여기서 거기까지 얼마나 먼지 알아요?

네, 차로 20분만 가면 돼요.

정말이요? 생각보다는 훨씬 가깝네요.

패턴 74
전에 가족과 여러 번 그곳에 갔었거든요.

어땠어요? 멋졌어요?

표현 54
정말 환상적이었어요.
그 때문에 그곳을 당신에게 적극적으로 권하고 싶었던 거예요.

패턴 75
그렇게 해줘서 고마워요.

천만에요. 거의 다 왔어요. 여기에요.

… 다음 페이지에 계속 …

Sam

Cindy

I'm sorry to have kept you waiting.

That's all right. Don't worry.

Have you been waiting long?

No, I just got here. Come on, please get in my car.
I'll take you there. Please hop in.

Thanks. Sam, do you know how far it is from here to there?

Yes, I do. It's only a 20-minute drive.

Really? It's much closer than I thought.

I have been there with my family several times before.

So how was it? Was it great?

It took my breath away.
That's why I wanted to strongly recommend that place to you.

Thank you for doing that.

My pleasure. We're almost there. This is it.

⋯ Continued on next page ⋯

샘

신디

와우, 멋있어요. 솔직히 말하면, 제가 본 장소 중에서 가장 아름다운 곳이에요.

표현 55
진심이세요?

네, 진담이에요.

표현 56
마음에 든다니 다행이네요. 실은, 이곳을 속속들이 알고 있거든요.

패턴 76
그러면 절 좀 안내해 주시죠?

패턴 77
물론이죠. 원하신다면, 기꺼이 그렇게 해 드리죠.

고마워요.

패턴 78
천만에요. 신디, 절 따라오세요.

알았어요. 자, 가죠.

Sam

Cindy

Wow, awesome. To be honest, this is the most beautiful place I've ever seen.

Do you mean it?

Yes, I mean it.

I'm glad you like it. In fact, I know this place like the back of my hand.

Then what do you say to showing me around?

Sure, no problem. If you want, I'll be happy to do that for you.

Thank you.

Don't mention it. Cindy, please follow me.

Okay. Let's go.

hop in 얼른 타다   take one's breath away 황홀하게 하다, 숨이 멎을 듯이 아름답다   recommend 추천하다
almost 거의   awesome 근사한, 멋있는   to be honest 솔직히 말하자면   show around 주위를 안내하다

Pattern Practice

 패턴 70 **I'm sorry to...** ~해서 죄송해요

누군가를 기다리게 했거나 귀찮게 했다면 정중하게 사과를 해야 합니다.
I'm sorry to... 패턴이 적절하죠. 여기서 to 다음에 동사원형이 나와요.

- ex **I'm sorry to** have kept you waiting.   기다리게 해서 죄송해요.
  I'm sorry to bother you.   귀찮게 해서 미안해요.
  I'm sorry to interrupt you.   방해해서 죄송합니다.

Short Conversation

Ⓐ **I'm sorry to interrupt you**.
Ⓑ That's okay.

Ⓐ 방해해서 죄송합니다.
Ⓑ 괜찮습니다.   * interrupt 방해하다, 가로막다

 패턴 71 **Don't...** ~하지 말아요

명령문을 만들 수 있는 가장 쉬운 방법은 주어를 생략하고 바로 동사로 말하면 되는데요, 이를
부정명령문으로 바꾸려면 문장 맨 앞에 Don't만 넣으면 돼요. 간단하죠?

- ex **Don't** worry.   걱정 말아요.
  Don't be late again.   다시는 늦지 마.
  Don't break your word.   약속 어기지 마.

Short Conversation

Ⓐ James, **don't break your word**. Got it?
Ⓑ No worries.

Ⓐ 제임스, 약속 어기지 마. 알았어?
Ⓑ 걱정 붙들어 매셔.   * break one's word(=promise) 약속을 어기다

패턴 72 Have you...? ~했어요?, ~해 봤어요?

확실한 과거가 아닌 불확실한 과거의 일을 물어볼 때 have+과거분사(p.p)를 사용하죠. 그러므로 Have you+과거분사?는 '~했어요?', '~해 봤어요?'의 뜻이에요. 경험을 묻는 말이랍니다.

ex	**Have you** been waiting long?	오래 기다렸어요?
	Have you been there before?	전에 거기 가 봤어?
	Have you talked to him lately?	최근에 그와 얘기 나눴어요?

Short Conversation

Ⓐ **Have you been waiting long?**
Ⓑ No. I haven't. I just got here a minute ago.

Ⓐ 오래 기다렸어요?
Ⓑ 아니요. 방금 전에 도착했어요.   * a minute ago 방금, 좀 전에

* minute은 명사로 '분'이죠. 여기에 부정관사 a를 넣어 a minute이라고 하면 '순간', '잠깐'의 뜻이에요. 예로 Wait a minute.(잠깐만 기다려.) in a minute(곧), a minute ago(방금, 좀 전에)처럼 다양하게 표현하기도 하죠.

패턴 73 Do you know...? ~알아요?

뭔가를 아는지 모르는지 그 여부를 따질 때 동사 know를 사용하는데요, 목적어로 명사나 대명사가 나오지만, 때로는 간접의문문(의문사+주어+동사)이 동사의 목적어 역할을 하기도 합니다.

ex	**Do you know** how far it is from here to there?	여기서 거기까지 얼마나 먼지 알아요?
	Do you know when he arrives here?	그가 여기 언제 도착하는지 아니?
	Do you know what time it is now?	지금 몇 시인지 알아?

Short Conversation

Ⓐ **Do you know what time it is now?**
Ⓑ Sure, it's past 10.

Ⓐ 지금 몇 시인지 알아?
Ⓑ 물론이지, 10시 넘었어.

패턴 74 I have... before. 전에 ~했어요.

이전에 스스로 경험해 봤던 일들을 언급할 때 I have... before. 패턴으로 말합니다.
여기서 have 다음에는 과거분사(p.p)가 나와요.

ex **I have** been there with my family several times **before**.

전에 가족과 여러 번 그곳에 갔었거든요.

I have heard about it **before**.   전에 그것에 대해 들었어.

I have visited New York twice **before**.   전에 뉴욕을 두 번 방문했어.

Short Conversation

Ⓐ Have you heard about the new Chinese restaurant downtown?

Ⓑ Yes, **I have heard about it before**.

Ⓐ 시내에 새로 연 중국 식당에 대해 들어봤어?

Ⓑ 응, 전에 그것에 대해 들었어.   * Chinese restaurant 중국 식당

패턴 75 That's why I wanted to... 그 때문에 ~하고 싶었던 거예요

That's why 다음에는 결론이 나옵니다. 다시 말하면 앞에서 이유를 자세하게 설명한 뒤, 그런
이유들 때문에 내가 하고 싶었던 일이 뭔지를 그다음에 구체적으로 표현하게 되는 거죠.

ex **That's why I wanted to** strongly recommend that place to you.

그 때문에 그곳을 당신에게 적극적으로 권하고 싶었던 거예요.

That's why I wanted to visit there once again.

그 이유로 거기에 다시 한번 방문하고 싶었던 거야.

That's why I wanted to get in touch with you.

그 때문에 당신과 연락하고 싶었던 거였어요.

Short Conversation

Ⓐ I heard there are lots of tourist spots to go to in San Francisco.

Ⓑ **That's why I wanted to visit there once again**.

Ⓐ 샌프란시스코에는 가볼 만한 관광지들이 많다고 들었어.

Ⓑ 그 이유로 거기에 다시 한번 방문하고 싶었던 거야.   * tourist spots 관광지

패턴 76 **What do you say to -ing?** ~하는 게 어때요?

대화 도중 상대에게 할 일을 제안하며 의견을 물어볼 때 What do you say to -ing? 패턴을 사용해요. 뜻은 '~하는 게 어때요?'예요.

ex **What do you say to** show**ing** me around?　　　　　절 좀 안내해 주시죠?
What do you say to tak**ing** me there?　　　　　날 거기 데려다주는 게 어때?
What do you say to tak**ing** a break?　　　　　잠시 쉬는 게 어때?

Short Conversation

Ⓐ Sam, you look a little tired. **What do you say to taking a break?**
Ⓑ I'd love to. I think I need to get some fresh air.

Ⓐ 샘, 좀 피곤해 보여. 잠시 쉬는 게 어때?
Ⓑ 좋지. 바람 좀 쐬어야 할 것 같아.　　　　　* take a break 잠시 쉬다

패턴 77 **I'll be happy to...** 기꺼이 ~해 드리죠, 기꺼이 ~해 줄게요

누군가가 정중하게 뭔가를 부탁하게 되면 들어줄 수밖에 없어요. 물론 어쩔 수 없이 거절을 해야만 하는 경우도 생기게 마련이죠. 이왕이면 기쁜 마음으로 부탁 들어준다면 더 좋겠죠.

ex **I'll be happy to** do that for you.　　　　　기꺼이 그렇게 해 드리죠.
I'll be happy to wait for you.　　　　　기꺼이 기다려줄게요.
I'll be happy to be your guide.　　　　　기꺼이 당신 가이드가 되어드리죠.

Short Conversation

Ⓐ Lucy, can you wait for me until I come back?
Ⓑ Of course, I can. **I'll be happy to wait for you.**

Ⓐ 루시, 돌아올 때까지 날 좀 기다려 줄래?
Ⓑ 물론이지. 기꺼이 기다려줄게.　　　　　* wait for ~을 기다리다

* 자동사인 wait(기다리다)을 활용한 표현들이 다양한데요. 예로 Wait a minute.(잠시만 기다려).
I'll just wait here.(그냥 여기서 기다릴게), Wait up.(좀 기다려줘) 등이 있어요.

패턴 78 Please... ~해 주세요

Magic word(마술 단어)가 바로 please예요. 그만큼 사용 빈도가 상당히 높습니다. 도움을 요청하거나 뭔가를 부탁할 때 please를 넣어 말하게 되면 웬만하면 거의 들어주게 되어 있어요.

Please follow me.	절 따라오세요.
Please hop in.	얼른 타세요.
Please wait here for a moment.	잠시만 여기서 기다려주세요.

Short Conversation

Ⓐ **Please follow me**, sir.
Ⓑ Okay. Thank you.

Ⓐ 손님, 절 따라오세요.
Ⓑ 알았어요. 고마워요.

* follow 따라가다

MEMO

Expression Practice

 52 **That's all right.** 괜찮아요.

별일도 아닌 일로 사과를 하는 친구나 동료에게 괜찮다고 말하며 크게 신경 쓰지 말라고 할 때 That's all right.이라고 해요. 이 말을 강조하려면 부사 quite을 넣으면 되죠.

ex That's okay. 괜찮아.
That's quite all right. 정말 괜찮습니다.
Don't worry about it. 걱정하지 마.

Short Conversation

Ⓐ I'm sorry to say this, but it was my mistake.
Ⓑ Hey, **don't worry about it**. Everything's going to be fine.

Ⓐ 이런 말은 하고 싶진 않지만, 그건 내 실수였어.
Ⓑ 이봐, 걱정하지 마. 모든 게 다 잘 될 거야. * **mistake** 실수

* I'm sorry to say this, but...은 '이런 말은 하고 싶지 않지만...'의 뜻이에요. 마음 내키지 않은 말을 어쩔 수 없이 해 야 할 경우에 사용하죠.

53 **I just got here.** 방금 도착했어요.

누군가와 약속을 잡게 되면 시간에 맞춰 갈 수도 있고 좀 늦을 수도 있어요. 약속 시간보다 훨씬 늦게 도착한 친구나 동료가 미안하다는 말과 함께 오래 기다리고 있었냐고 묻는다면, 때에 따라서는 '방금 도착했어.', '조금 전에 막 도착했어.'라고 말하며 안심시킬 수도 있잖아요.

ex I just arrived here. 막 도착했어요.
I just arrived here a few minutes ago. 몇 분 전에(조금 전에) 여기 도착했어요.
I just got here a minute ago. 방금 전에 왔어.

Short Conversation

Ⓐ Cindy, have you been waiting long here?
Ⓑ Nope, **I just got here a minute ago**.

Ⓐ 신디, 여기서 오래 기다리고 있었어?
Ⓑ 아니, 방금 전에 왔어. * **a minute ago** 조금 전에, 방금 전에

It took my breath away. 정말 환상적이었어요.

멋진 장소나 사람을 보게 되면 잠시 숨이 멎게 되는 느낌이 들게 됩니다. 마치 take one's breath away처럼 말이죠. 뜻은 '깜짝 놀라 숨이 막히다', '숨이 멎을 듯이 아름답다'예요. 대상이 사람도 되고 사물도 될 수 있어요.

ex It was beyond my imagination. 상상 이상이었어요.

It was so awesome. 끝내졌어요.

It was so great. 아주 좋았어요.

Short Conversation

Ⓐ Tony, how was your trip to San Francisco? Was it great?

Ⓑ Yes, it was. **It was so awesome**.

Ⓐ 토니, 샌프란시스코 여행은 어땠어요? 멋있었어요?

Ⓑ 네. 끝내졌어요. * awesome 훌륭한, 최고의

* 톰 크루즈(Tom Cruz)가 주연했던 탑건(Top Gun)은 바로 전투기 조종사의 사랑과 우정을 다룬 영화입니다. 주제곡
Take my breath away는 베를린(Berlin)이 불러 1987년 그 당시에 많은 인기를 얻었어요.

Do you mean it? 진심이세요?

도대체 믿기지 않은 말을 듣게 되면 '진심이야?', '정말이야?', '진담이야?', '농담 아니지?'라고 말하며 되묻게 돼요. 네이티브들은 Do you mean it?이라고 표현하죠.

ex You're not pulling my leg, are you? 농담 아니죠, 그렇죠?

You're not kidding, right? 농담 아니죠, 맞죠?

Do you really mean it? 정말 진심이에요?

Short Conversation

Ⓐ I heard you're going to Chicago? **Do you mean it?**

Ⓑ Yes, I'm planning on it.

Ⓐ 시카고에 갈 거라며? 정말이야?

Ⓑ 응, 계획 중이야.

I know this place like the back of my hand.

이곳을 속속들이 알고 있거든요.

우린 어느 장소를 마치 손바닥 보듯 훤히 잘 알고 있다고 하죠. 이와 반대로 네이티브들은 손바닥이 아닌 손등 보듯(!) 속속들이 알고 있다고 말합니다. 이게 차이점이에요.

I know my way around this place.	이 장소에 대해 모르는 게 없어요.
I'm familiar with this place.	난 이 장소에 익숙해.
I know every inch of this area.	전 이 지역을 구석구석 다 알거든요.

Short Conversation

Ⓐ Excuse me, could you help me find the nearest shopping mall?

Ⓑ Sure, no problem. In fact, I know every inch of this area.

Ⓐ 죄송하지만, 가장 가까운 쇼핑몰 찾는 것 좀 도와주시겠어요?

Ⓑ 물론이죠. 실은, 전 이 지역을 구석구석 다 알거든요.

* **know every inch of** ~의 구석구석을 알다

* 손바닥 보듯 이곳저곳 구석구석 잘 알고 있다고 할 때, 네이티브들은 I know every inch of this city. I know every inch of this area.라고 표현해요.

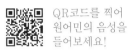

QR코드를 찍어
원어민의 음성을
들어보세요!

운동

운동

다음 말을 영어로는 어떻게 표현할까요?

1 마음에 들 거라 생각했어요.

_____

2 비행기 너무 태우지 말아요.

_____

3 전에 얘기했던 것처럼

_____

4 가장 좋아하는 농구 선수가 누구죠?

_____

5 이제야 좀 감이 잡히네요.

_____

대사

샘

신디

상황설명 신디는 샘과 즐거운 여행을 함께 보냅니다. 여행 도중에 신디는 샘에게 스포츠를 좋아하는지 물어 보게 되죠.

> 샘, 이곳에 데리고 와줘서 기뻐요. 이곳 너무 멋있어요. 마음이 차분해지고 편안해져요.

패턴 79
마음에 들 거라 생각했어요.

패턴 80
> 이 모든 걸 어떻게 보답해야 할지 모르겠네요.

표현 57
글쎄요, 별것도 아닌데요, 뭐. 신디, 아무것도 보답할 필요 없어요. 친구 좋다는 게 뭐예요.

패턴 81
> 관대하면서도 친절하시네요.

표현 58
고마워요. 하지만 비행기 너무 태우지 말아요.

패턴 82
> 그런데 말이에요, 스포츠 좋아하세요?

네, 좋아하죠. 가장 좋아하는 스포츠가 농구예요. 재밌고 흥미롭거든요. 당신은요?

표현 59
> 전에 얘기했던 것처럼, 수영을 가장 좋아하는데요. 하지만 요즘, 농구에 관심이 점점 가고 있어요. 정말 신나요.

패턴 83
친구들과 경기하는 것을 좋아한다는 얘긴가요?

… 다음 페이지에 계속 …

Sam

Cindy

Sam, I'm glad you brought me here. This place is so amazing.
It makes me feel calm and relaxed.

I thought you would love it.

I don't know how to repay you for all this.

Well, it's nothing. Cindy, you don't have to repay me anything.
That's what friends are for.

You are so generous and kind.

Thanks, but don't flatter me too much.

By the way, do you like sports?

Yes, I do. Baseball is my favorite sport. It's fun and exciting.
What about you?

Like I said, I like swimming the most.
But these days, I'm getting interested in basketball. It's very exciting.

You mean you like to play it with your friends?

··· Continued on next page ···

샘

신디

패턴 84

아니요, 그냥 TV로 보는 건만 좋아해요. 농구에 소질이 없거든요.

패턴 35

오, 그래요. 가장 좋아하는 농구 선수가 누구죠? 어떻게 생겼어요?

패턴 86

글쎄요, 이름은 정확히 기억나진 않지만, 키가 크고 잘생겼어요.
그리고 게다가 농구가 뭔지를 아는 선수예요. 샘, 좋아하는 스포츠 선수 있어요?

네, 야구 선수 추신수를 좋아해요. 지금 텍사스 레인저스팀 소속이죠.
팀 승리에 크게 기여하고 있는 것 같아요.

표현 60

정말이에요?

네, 물론이죠. 늘 TV로 그의 시합을 시청하는데, 시합 내용이
믿을 수 없을 만큼 대단하기 때문이에요.

표현 61

당신이 그렇다면 그런 거겠죠. 이제야 좀 감이 잡히네요.

Sam

Cindy

No, no. I mean, I just like watching it on TV.
I don't think I'm good at basketball.

Oh, I see. Who is your favorite basketball player? What does he look like?

Well, I can't remember his name exactly, but he's tall and good-looking.
And he knows how to play as well. Sam, is there any sports player you like?

Yes, I like Chu Sin-su, a baseball player. He is now on the Texas Rangers.
I think he plays an important role in his team's victories.

Are you sure about that?

Yes, of course. Because I watch his games on TV all the time
and what he does is unbelievable.

If you say so. That really tells a story.

mean 의미하다 amazing 놀라운, 멋진 calm and relaxed 차분하고 편안한 repay 보답하다
generous 관대한 flatter 아첨하다 be interested in ~에 관심 있다 be good at ~을 잘하다
all the time 언제나 unbelievable 믿을 수 없는

Pattern Practice

 패턴 79 **I thought...** ~라고 생각했어요, ~인 줄 알았어요

현재가 아닌 과거의 생각 따위를 말할 때 think의 과거형인 thought을 사용하죠.
때에 따라서는 자신의 생각과 상반되는 결과가 나왔을 때 I thought...(~라고 생각했어요,
~인 줄 알았어요)으로 표현하기도 합니다.

ex **I thought** you would love it.   마음에 들 거라 생각했어요.
I thought you got married.   결혼한 줄 알았어.
I thought you had been there before.

난 당신이 전에 거기에 갔었을 거라고 생각했어요.

Short Conversation

Ⓐ Peter, **I thought you got married**.
Ⓑ No, I'm still single.

Ⓐ 피터, 결혼한 줄 알았어.
Ⓑ 아니, 아직 솔로야.   * get married 결혼하다

 패턴 80 **I don't know how to...** 어떻게 ~해야 할지 모르겠네요

뭔가를 어떻게 해야 할지 망설여질 때가 있어요. 컴퓨터를 어떻게 고쳐야 할지, 도움 필요한
사람을 어떻게 도와줘야만 할지..., 상황에 따라 다양하게 표현할 수 있어요.

ex **I don't know how to** repay you for all this.

이 모든 걸 어떻게 보답해야 할지 모르겠네요.

I don't know how to get there.   거기 어떻게 가야 할지 모르겠어.
I don't know how to play golf.   난 골프 칠 줄 몰라.

Short Conversation

Ⓐ **I don't know how to play golf**.
Ⓑ Neither do I.

Ⓐ 난 골프 칠 줄 몰라.
Ⓑ 나도 마찬가지야.   * play golf 골프 치다

81 You don't have to... ~할 필요 없어요

뭔가를 반드시 해야 할 당위성을 말할 때 have to를 사용하는데요, 반대말이 don't(doesn't) have to예요. '~하면 안 된다'가 아닌 '~할 필요가 없다'는 뜻입니다.

ex **You don't have to** repay me anything.　　　　　아무것도 보답할 필요 없어요.
　　You don't have to apologize.　　　　　　　　　　사과할 필요 없어.
　　You don't have to do that.　　　　　　　　　　　그거 할 필요 없어.

Short Conversation

Ⓐ I'm so sorry. I messed this up myself.
Ⓑ Hey, **you don't have to apologize**. Things happen.

Ⓐ 정말 미안해. 내가 이거 다 망쳐놨어.
Ⓑ 이봐, 사과할 필요 없어. 그럴 수도 있지 뭐.　　　　　　　* **mess up** 망쳐 놓다

* You don't have to...와 비슷한 말로 네이티브들은 You don't need to...라고 표현하기도 하죠.

82 Do you like...? ~ 좋아하세요?

동사 like은 '좋아하다'로 뒤에 목적어가 나오는데요, 운동을 좋아하는지, 영화를 좋아하는지..., 묻고 싶은 대상만 바꿔 넣어 대화를 이어갈 수 있어요.

ex **Do you like** sports?　　　　　　　　　　　　　스포츠 좋아하세요?
　　Do you like baseball?　　　　　　　　　　　　야구 좋아해?
　　Do you like soccer?　　　　　　　　　　　　　축구 좋아해요?

Short Conversation

Ⓐ **Do you like baseball?**
Ⓑ Sure, I'm a baseball fanatic.

Ⓐ 야구 좋아해?
Ⓑ 물론이지, 난 야구 광팬이거든.　　　　　　　　* **baseball fanatic** 야구 광팬

* 뭔가에 미쳐 하루 종일 몰두하는 사람이 있어요. 영화에 미쳐있거나 운동에 미쳐거나....
　우린 '광팬'이라고 하죠. 영화광은 movie fanatic, 야구 광팬은 baseball fanatic이라고 합니다.

83 **I'm getting interested in...** ~에 관심이 점점 가고 있어요

흥미 또는 관심이 가게 되면 시간과 돈을 투자하는 게 아깝지 않죠. 그만큼 재미있게 되거든요.
숙어로 be interested in은 '~에 관심 있다'예요.

ex **I'm getting interested in** basketball. 농구에 관심이 점점 가고 있어요.
I'm getting interested in Korean history. 한국 역사에 관심이 가.
I'm getting interested in learning to swim. 수영 배우는 데 관심이 가고 있어요.

Short Conversation

Ⓐ What are you interested in these days?
Ⓑ **I'm getting interested in Korean history**.

Ⓐ 요즘 뭐에 관심 있어?
Ⓑ 한국 역사에 관심이 가. * these days 요즘에

 84 **I don't think I'm good at...** ~에 소질이 없거든요, ~을 잘 못 해요

뭔가에 소질이 없으면 흥미를 갖지 못하게 됩니다.
우리말 '~에 소질이 없다'를 네이티브들은 I don't think I'm good at...이라고 표현해요.

ex **I don't think I'm good at** basketball. 농구에 소질이 없거든요.
I don't think I'm good at driving. 운전에는 소질 없어.
I don't think I'm good at singing. 노래를 잘 못 해요.

Short Conversation

Ⓐ Sam, are you a good driver?
Ⓑ Well, no, **I don't think I'm good at driving**.

Ⓐ 샘, 운전 잘해?
Ⓑ 아니, 운전에 소질 없어.

* I don't think I'm good at...과 비슷한 말로 I'm poor at...., I'm terrible at...도 있어요..

패턴 85 Who is your favorite...? 가장 좋아하는 ~이 누구죠?

가장 좋아하는 사람이 누군지를 물을 때 사용하는 패턴입니다. 형용사 favorite는 '가장 좋아하는'의 뜻이죠. 뒤에 사람명사가 누구냐에 따라 대화 주제가 바뀌게 돼요.

> **Who is your favorite** basketball player?   가장 좋아하는 농구 선수가 누구죠?
> **Who is your favorite** singer in Korea?   한국에서 가장 좋아하는 가수가 누구예요?
> **Who is your favorite** actor in Hollywood?
>
>   할리우드에서 가장 좋아하는 배우가 누구야?

Short Conversation

Ⓐ **Who is your favorite actor in Hollywood?**

Ⓑ Jim Carrey. I think he's so hilarious.

Ⓐ 할리우드에서 가장 좋아하는 배우가 누구야?

Ⓑ 짐 캐리야. 정말 재미있는 사람 같아.   * hilarious 유쾌한

* He's so hilarious.와 비슷한 의미로 He cracks me up a lot.(그는 참 재미있는 분이에요.)라고도 표현해요.

패턴 86 I can't remember... exactly. ~은 정확히 기억나진 않아요.

뭔가를 기억하려고 해도 도무지 기억 안 날 때가 가끔은 생기죠. 부사 exactly는 '정확하게'예요. 동사 remember 다음에 목적어로 명사(구), 명사절, 대명사가 나옵니다.

> **I can't remember** his name **exactly**.   그의 이름은 정확히 기억나진 않아요.
> **I can't remember** her face **exactly**.   그녀 얼굴이 정확하게 기억이 안 나.
> **I can't remember exactly** what I did yesterday.
>
>   내가 어제 뭐 했는지 정확히 기억이 안 나.

Short Conversation

Ⓐ Sam, are you okay? You look a little worried.

Ⓑ **I can't remember exactly what I did yesterday**.

Ⓐ 샘, 괜찮아? 좀 걱정스러워 보여.

Ⓑ 내가 어제 뭐 했는지 정확히 기억이 안 나.   * worried 걱정되는

Expression Practice

표현 57 It's nothing. 별것도 아닌데요, 뭐.

스스로 생각하기에 별일도 아닌 일에 감사의 말을 듣게 되면, '별거도 아닌데요, 뭐.', '아무것도 아니에요.'라고 하며 크게 신경 쓰지 말라고 말하게 됩니다. 일종의 배려심이겠죠.

ex It's no big deal. 아무것도 아냐.
No big deal. 별거 아니에요.
My pleasure. 천만에요.

Short Conversation

Ⓐ Thanks for your help.
Ⓑ **It's nothing**. What are friends for?

Ⓐ 도와줘서 고마워.
Ⓑ 별것도 아닌데, 뭐. 친구 좋다는 게 뭔데?

표현 58 Don't flatter me too much. 비행기 너무 태우지 말아요.

칭찬도 과하면 듣기가 좀 거북할 수 있어요. 때에 따라서는 어떻게 해야 할지 몰라 당황할 수도 있거든요. 누군가가 과도한 칭찬을 한다면 이 표현을 사용하면 됩니다.
동사 flatter는 '아첨하다'예요.

ex You overpraise me. 과찬이에요.
You praise me too much. 과찬이십니다.
Don't make me blush, please. 절 부끄럽게 만드시네요. (비행기 태우지 마세요)

Short Conversation

Ⓐ I've never seen a woman as beautiful as you.
Ⓑ **Don't make me blush, please**.

Ⓐ 당신처럼 예쁜 사람을 본 적이 없어요.
Ⓑ 절 부끄럽게 만드시네요.   * blush 얼굴이 붉어지다

59 Like I said 전에 얘기했던 것처럼

스스로 생각하기에 이미 이전에 같은 말을 했던 것처럼 느껴지면, Like I said(전에 얘기했던 것처럼)라고 말하며 다음 대화를 이어가면 됩니다.

ex As I told you   얘기했던 것처럼
    As I already mentioned   이미 언급했던 것처럼
    Like I said before(=earlier)   전에 얘기했던 것처럼

Short Conversation

Ⓐ **Like I said before**, Jane is not my type.
Ⓑ But I think she's easy to get along with.

Ⓐ 전에 얘기했던 것처럼, 제인은 내 타입이 아니야.
Ⓑ 걔 사람들과 잘 어울리는 것 같은데.   * **get along with** ~와 사이좋게 지내다

* 숙어로 get along with는 '~와 사이좋게 지내다'예요. 그러므로 She's easy to get along with.는
  '그녀는 쉽게 사람들과 잘 어울려요.', '그녀는 원만한 성격이에요.'가 되는 거죠.

60 Are you sure about that? 정말이에요?

남의 한 말에 조금이라도 의구심이 들면 재차 확인할 목적으로 '정말이에요?'라고 묻게 됩니다.

ex Are you certain about that?   그것에 대해 확신하는 거야?
    Are you positive about that?   너 확실하니?
    Are you sure?   확실해?

Short Conversation

Ⓐ Ken, you don't have to help me.
Ⓑ **Are you sure?** Tell me why.

Ⓐ 캔, 날 도와줄 필요 없어.
Ⓑ 확실해? 이유를 얘기해 봐.

표현 61 That really tells a story. 이제야 좀 감이 잡히네요.

상대방이 뭔가에 대해 열심히 설명하면서 자신을 납득시키려고 할 때, '이제 감이 오네.', '이제야 이해가 가네요.'식으로 응수할 수 있어요. 즉, 상대방의 말을 이제야 제대로 이해했다는 뜻이죠.

ex It makes sense to me now.　　　　　　　　　　　　이제야 이해가 되네요.
　　 I understand your point.　　　　　　　　　　　　무슨 말인지 알겠어.
　　 It figures.(=That figures)　　　　　　　이제야 알겠네요. 그건 말이 돼요.

Short Conversation

Ⓐ Too much smoking is bad for your health.
Ⓑ **I understand your point**.

Ⓐ 너무 지나친 흡연은 건강에 안 좋아.
Ⓑ 무슨 말인지 알겠어.　　　　　　　　　　　　　　　　* smoking 흡연

QR코드를 찍어
원어민의 음성을
들어보세요!

UNIT

11

귀가

다음 말을 영어로는 어떻게 표현할까요?

1 집에 갈 시간이네요.

_____

2 재밌으면 시간이 빨리 가죠.

_____

3 그동안 정말 감사했어요.

_____

4 그저 좋은 친구가 되고 싶었을 뿐이에요.

_____

5 자, 출발합시다.

_____

대사

샘

신디

상황설명 돌아오는 길에 즐거운 담소를 나누면서 샘은 신디가
알려준 집 주소로 신디를 차로 바래다줍니다.

▶ **패턴 87**

이런, 집에 갈 시간이네요.

네, 정말 그러네요. ◖

▶ 재밌으면 시간이 빨리 가죠.

네, 맞아요. ◖

▶ **패턴 88**

오늘 좋은 시간 보냈어요?

네, 당신 덕택으로 멋진 시간 보냈어요.
이 여행이 예상했던 것만큼 좋았거든요. 그동안 정말 감사했어요. ◖

패턴 89

▶ 별말씀을요.

기회가 되면, 친구를 이 장소로 데려오고 싶어요. 너무 깨끗하고 평화스러워요. ◖

패턴 90

▶ 좋은 생각이에요. 이봐요, 신디! 차로 집까지 바래다줄 수 있을까 해서요.
제 말은, 집까지 차로 바래다줄게요. 곧 비 올 것 같아요.

패턴 91

오, 정말이요? 고마워요. 여기 제 주소예요.
당신은 저에게 늘 잘해주는 것 같아요. ◖

… 다음 페이지에 계속 …

Sam

Cindy

▶ Oops, it's time to go home.

Yes, indeed. ◀

▶ You know, time goes fast when we're having fun.

Yes, exactly. ◀

▶ Did you have a good time today?

Yes, I did. I had a great time, thanks to you. This trip was as good as I expected. So I would like to thank you for everything you've done for me. ◀

▶ The pleasure is all mine.

If I have an opportunity, I would like to bring a friend along with me to this place. It's so clean and peaceful. ◀

▶ That's a good idea. Hey, Cindy! I was wondering if I could give you a ride home. I mean, give you a lift home in my car to your house. It looks like it's going to rain soon.

Oh, really? Thank you. Here is my home address. I think you are always kind to me. ◀

⋯ Continued on next page ⋯

샘

신디

패턴 92

과찬이세요. 별거 아니에요. 그저 좋은 친구가 되고 싶었을 뿐이에요.
그게 전부예요. 그건 그렇고, 안전벨트 매세요.

표현 62 **표현 63**

오, 미안해요. 출발할 준비 됐는지 몰랐어요.

괜찮아요. 안전벨트 매는 거 도와줄게요.

표현 64
고마워요.

표현 65

천만에요. 자, 출발합시다.

알았어요. 하지만 집으로 돌아가는 길에 비 올 수 있기 때문에
조심해서 운전했으면 해요.

패턴 93

걱정 말아요. 전 운전 잘하거든요.

Sam

Cindy

You overpraise me. It's nothing. I just wanted to be a good friend to you. That's all. Anyway, fasten your seat belt, please.

Oh, I'm sorry. I didn't know we were ready to leave.

That's okay. Let me help you fasten your seat belt.

That's very kind of you.

My pleasure. Let's hit the road, shall we?

Okay. But I want you to drive carefully because it might rain on our way back home.

Don't worry. I'm a good driver.

---

have fun 즐거운 시간을 보내다   thank to ~의 덕택으로   bring along 데려오다
give ~ a lift home 집까지 차로 바래다주다   overpraise 과찬하다   fasten one's seat belt 안전벨트를 매다
hit the road 출발하다   on one's way back 돌아오는 길에

Pattern Practice

 ## It's time to... ~할 시간이네요

때가 되면 잠을 자야 하고, 때가 되면 일하고 퇴근해야 합니다.
It's time to+동사.라고 하죠. '~할 시간이네요'의 뜻이에요.

ex **It's time to** go home.   집에 갈 시간이네요.
It's time to go to sleep.   잠잘 시간이야.
It's time to get off work.   퇴근할 시간이네.

Short Conversation

Ⓐ **It's time to get off work.**

Ⓑ Let's go have a drink on our way home.

Ⓐ 퇴근할 시간이네.

Ⓑ 집에 가는 길에 한잔하자.   * **on one's way home** 집에 가는 길에

* '퇴근하다'라고 할 때 get off work이라고 표현하죠. 같은 뜻으로 punch out도 있어요. 이 역시 '퇴근하다'
라는 의미입니다.

 ## Did you...? ~했어요?

현재가 아닌 과거 일을 물어볼 때 did를 활용합니다. 그만큼 사용 빈도가 높아요.

ex **Did you** have a good time today?   오늘 좋은 시간 보냈어요?
Did you have a good sleep last night?   지난밤에 잘 잤어?
Did you have fun?   재밌었어?

Short Conversation

Ⓐ **Did you have a good sleep last night?**

Ⓑ Yes, I did. I slept like a log.

Ⓐ 지난밤에 잘 잤어?

Ⓑ 응. 푹 잤어.   * **sleep like a log** 푹 자다

* 네이티브들은 '푹 자다'라고 할 때 sleep like a log 또는 sleep like a baby라고 말합니다.

패턴 89 I would like to thank you for...

~에 감사드리고 싶어요, ~해줘서 감사합니다

상대방이 베풀어 준 호의에 감사 표시를 하고 싶을 때 thank you for...를 사용하죠.
여기에 would like to(~하고 싶어요)를 덧붙여 좀 더 공손하게 표현하면 됩니다.

ex **I would like to thank you for** everything you've done for me.

그동안 정말 감사했어요.

I would like to thank you for taking the time to contact me.

시간 내서 연락해줘서 감사합니다.

I would like to thank you for your hospitality.　환대에 감사드리고 싶습니다.

Short Conversation

Ⓐ Tony, **I would like to thank you for your hospitality**.

Ⓑ My pleasure. Please feel free to contact me anytime.

Ⓐ 토니, 환대에 감사드리고 싶습니다.

Ⓑ 별말씀을요. 언제든지 저에게 연락주세요.　　　　　* hospitality 환대

 패턴 90 I was wondering if I could...

~ 좀 할 수 있을까 해서요, ~할 수 있을지 궁금하네요

우리말에서 반말이 있고 존댓말이 있듯이 영어도 마찬가지입니다. I was wondering if I(you)
could...가 바로 그렇습니다. 공손하게 말을 건네야 할 때 적절한 패턴입니다.

ex **I was wondering if I could** give you a ride home.

차로 집까지 바래다줄 수 있을까 해서요.

I was wondering if I could ask you a favor.　부탁 좀 할 수 있을까 해서요.
I was wondering if I could take a week off.　일주일 쉴 수 있을지 궁금하네요.

Short Conversation

Ⓐ **I was wondering if I could ask you a favor**.

Ⓑ No problem. Please tell me what you want me to do.

Ⓐ 부탁 좀 할 수 있을까 해서요.

Ⓑ 괜찮아요. 제가 뭘 해줬으면 좋을지 얘기해 보세요.　　　　　* favor 부탁

패턴 91 It looks like it's going to... ~할 것 같아요

자신의 판단으로 볼 때 앞으로 상황이 어떤 방향으로 흘러갈 것 같다고 느껴지면 넌지시 얘기하게 되는데요, 날씨도 될 수 있고 상태가 될 수도 있어요.
여기서 like은 동사가 아니라 접속사예요.

> **ex** **It looks like it's going to** rain soon.　　　　　곧 비 올 것 같아요.
> **It looks like it's going to** snow.　　　　　　　눈 올 것 같아.
> **It looks like it's going to** be crowded.　　　　혼잡할 것 같아.

Short Conversation

Ⓐ Hey, look at the sky. **It looks like it's going to snow**.
Ⓑ It's a good thing I brought my umbrella with me.

Ⓐ 이봐, 하늘 좀 봐봐. 눈 올 것 같아.
Ⓑ 우산 가져오길 잘했네.　　　　　　　　　　　　　　　* umbrella 우산

* It's a good thing I+과거시제.는 '~해서 다행이다, ~하길 잘했어'의 뜻이에요.

패턴 92 I just wanted to... 그저 ~하고 싶었을 뿐이에요

자신이 하는 행동에 오해의 소지가 생길 경우, 다른 특별한 의도나 이유는 없다고 딱 잘라 말하려면 I just wanted to...로 표현하면 됩니다.

> **ex** **I just wanted to** be a good friend to you.　그저 좋은 친구가 되고 싶었을 뿐이에요.
> **I just wanted to** be alone.　　　　　　　그냥 혼자 있고 싶었어.
> **I just wanted to** forget everything.　　　그저 모든 걸 잊고 싶었을 뿐이야.

Short Conversation

Ⓐ Ashley, why didn't you give me a call yesterday?
Ⓑ **I just wanted to be alone**. That's all.

Ⓐ 애슐리, 어제 왜 전화 안 했어?
Ⓑ 그냥 혼자 있고 싶었어. 그게 다야.　　　　　　　* give ~ a call ~에게 전화하다

93 I want you to... 당신이 ~했으면 해요

내가 아닌 상대가 뭔가 해주기를 바랄 때 사용하는 패턴이에요. '~해줬으면 해요'라는 뜻이죠.
부탁할 게 있으면 to부정사(to+동사원형) 자리에 넣으면 됩니다.

ex **I want you to** drive carefully. 조심해서 운전했으면 해요.

I want you to be quiet. 조용히 해줬으면 해.

I want you to help me with my project. 내 프로젝트 하는 거 좀 도와줬으면 해.

Short Conversation

Ⓐ David, **I want you to be quiet**.

Ⓑ Oh, I'm sorry. I didn't know you were studying.

Ⓐ 데이비드, 조용히 해줬으면 해.

Ⓑ 오, 미안해. 공부하고 있는 줄 몰랐어.

Expression Practice

 62 **That's all.** 그게 전부예요.

자신의 생각을 마무리 짓거나 물건 따위를 구입하고 난 후 더 이상 필요한 것이 없다고 얘기할 때 That's all.(그게 전부예요)이라고 합니다.

ex That's everything. 그게 전부야.
That's it. 바로 그거야, 다 됐어, 그게 전부야.
That's all for now. 지금은 그게 다예요.

Short Conversation

Ⓐ Excuse me, sir. Anything else?
Ⓑ No, **that's all**. Thank you.

Ⓐ 실례합니다, 손님, 그밖에 필요한 것 없으세요?
Ⓑ 없어요, 그게 전부예요. 고마워요.

 63 **Fasten your seat belt, please.** 안전벨트 매세요.

여행을 위해 대중교통을 이용하는데요, 비행기나 버스를 타게 되면 승객에게 안전벨트 매라고 방송이 나옵니다.

ex Please buckle up. 안전벨트 매세요.
Buckle your seat belt. 안전벨트 매.
Please fasten your seat belt securely. 안전벨트 단단히 매십시오.

Short Conversation

Ⓐ **Buckle your seat belt**.
Ⓑ I already did.

Ⓐ 안전벨트 매.
Ⓑ 이미 맸어.

* **buckle up** (안전벨트) 매다

표현 64 That's very kind of you. 고마워요.

'고맙다'라고 하면 Thank you.가 먼저 생각나죠. 당연합니다. 이미 많이 익숙해져 있는 표현이
라 그렇습니다. 네이티브들은 같은 의미로 That's very kind of you.라고도 말해요.
강조의 의미인 부사 very는 생략될 수 있어요.

ex	That's kind of you.	고마워요.
	That's nice of you.	고마워요.
	I appreciate it.	감사합니다.

Short Conversation

Ⓐ It's too late. I'll walk you home.

Ⓑ Oh, **that's kind of you**.

Ⓐ 너무 늦었네요. 집까지 바래다줄게요.

Ⓑ 오, 고마워요.   * walk you home 걸어서 집까지 바래다주다

표현 65 Let's hit the road. 자, 출발합시다.

직역하면 '길을 때리자.'인데요, 뭔 소리(?) 느낌이 팍 오지 않습니다. 이 말은 '출발하자.', '길을
떠나자.'예요. 네이티브들은 동사 hit을 넣어 다양한 말을 표현합니다.

ex	Let's go.	자, 가자.
	Let's hit the bricks.	여기저기 돌아다닙시다.
	It's time. Let's hit it.	시간 됐어. 가자.

Short Conversation

Ⓐ Don't you think it's time to head home right now?

Ⓑ Yes, I think so. **Let's go**.

Ⓐ 이제 집에 갈 시간 같지 않니?

Ⓑ 응, 그러네. 자, 가자.   * head home 집으로 가다

* 동사 hit을 이용한 표현을 잠시 살펴볼게요. 예를 들어 hit the road(길을 떠나다), hit the gym(운동하러 가다),
  hit the books(공부를 열심히 하다), hit the shower(샤워하러 가다), hit the ceiling(화를 내다),
  hit the bar(술 마시러 가다)....처럼 다양합니다.

QR코드를 찍어
원어민의 음성을
들어보세요!

작별

다음 말을 영어로는 어떻게 표현할까요?

1 여기서 내려주세요.

_____

2 왜 그런 말 하세요?

_____

3 잠을 깊이 자는 편이거든요.

_____

4 집까지 차 태워져서 고마워요.

_____

5 그럼 또 봐요.

_____

대사

샘

상황설명 만남의 아쉬움을 뒤로 한 채 샘은 신디에게 작별을 고합니다.

신디

이곳이 제가 사는 곳이에요. 여기서 내려주세요.

패턴 94   **패턴 95**

와우, 집이 근사해요. 이 아름다운 집을 언제 샀어요?

사무실에서 걸어갈 수 있는 거리에 위치했기에 지난 4월에 구입했어요.

부러워요, 신디.

표현 66

오, 정말이요? 왜 그런 말 하세요?

패턴 96

통근버스 타고 출근하려면 매일 아침에 일찍 일어나야 하거든요.
그 이유로 특히 주중에는 잠을 충분히 못 자요.

안됐군요.

그래서 주말에는 잠을 보충하려고 하죠.

표현 67

제 경우에는, 하루 8시간 이하로 자는데요. 그것만으로도 충분해요.
잠을 깊이 자는 편이거든요.

표현 68

오, 그래요. 전 잠을 설치는 편이에요.

··· 다음 페이지에 계속 ···

Sam

Cindy

This is where I live. Please drop me off here.

Wow, I love your place. **When did you buy this beautiful house?**

I purchased it last April because it was located within walking distance from my office.

You are so lucky, Cindy.

Oh, really? What makes you say that?

I have to wake up early every morning to take the shuttle bus to work.
That's why I don't have enough sleep, especially during the weekdays.

That's too bad.

So I try to catch up on my sleep on the weekends.

In my case, I sleep less than 8 hours a day. That's enough for me.
I'm kind of a heavy sleeper.

Oh, I see. I'm a light sleeper.

··· Continued on next page ···

샘

신디

패턴 97

아무튼, 집까지 차 태워져서 고마워요.

패턴 98

천만에요. 신디, 이제 가야 할 것 같아요. 집에서 할 일이 있어서 그래요.

패턴 99

알겠어요. 오늘 여행 정말 즐거웠어요.

즐거웠다니 다행이네요.

패턴 100

좋은 하루 되세요.

표현 69 표현 70

당신도요. 그럼 또 봐요.

Sam

Cindy

Anyway, thanks for driving me home.

You're welcome. Cindy, I'm afraid I have to go now because I have something to do at home.

Okay. I really enjoyed traveling with you today.

I'm glad you enjoyed it.

Have a good one.

Same to you. See you around.

---

drop off 차에서 내리다   walking distance 걸어갈 수 있는 거리   catch up on 부족한 잠을 보충하다
heavy sleeper 잠귀가 어두운 사람   light sleeper 얕게 잠을 자는 사람   thanks for ~에 감사하다

Pattern Practice

 94 **I love your...** ~이 근사해요, ~이 멋있어요, ~이 아름다워요

상대방의 모습이나 물건 따위를 보고 칭찬할 때 동사 love를 사용해요. '사랑하다'가 아닌 '멋있다', '근사하다', '예쁘다'는 뜻이에요.

I love your place.　　　　　　　　　　집이 근사해요.
I love your bag.　　　　　　　　　　가방이 예쁘네.
I love your smile.　　　　　　　　　미소가 아름다워요.

Short Conversation

Ⓐ **I love your place.** It's so beautiful.
Ⓑ Oh, really? Thanks.

Ⓐ 집이 근사해요. 너무 예뻐요.
Ⓑ 오, 정말요? 고미워요.

* beautiful 아름다운

95 **When did you...?** 언제 ~했어요?

어떤 동작을 과거 언제 했는지 물어볼 때 사용해요. 의문사 when을 사용하면 시간대가 좀 더 넓은 의미가 되는 거예요. 좀 더 구체적인 시간을 알고 싶으면 what time으로 바꾸면 되죠.

When did you buy this beautiful house?　　이 아름다운 집을 언제 샀어요?
When did you move here?　　　　　　　언제 이곳으로 이사 왔어요?
When did you start working here?　　언제부터 여기서 일하기 시작했어?

Short Conversation

Ⓐ Cindy, **when did you move here?**
Ⓑ When I was in elementary school.

Ⓐ 신디, 언제 이곳으로 이사 왔어요?
Ⓑ 초등학교 때요.

* elementary school 초등학교

패턴 **96** **I have to...** ~해야 하거든요, ~해야 해요

뭔가를 해야 할 당위성을 강조하려면 I have to+동사원형.이라고 하죠. '~해야 해'라는 뜻입니다. 반대말은 I don't have to+동사원형.이에요. '~해서는 안 된다'가 아닌 '~할 필요가 없다'입니다. 즉, I don't need to+동사원형. 패턴과 같은 뜻이에요.

ex **I have to** wake up early every morning.　　　　매일 아침에 일찍 일어나야 하거든요.
　　I have to go on a business trip.　　　　　　　　　　　　출장 가야 해.
　　I have to take care of my family.　　　　　　　　　가족을 돌봐야 해요.

Short Conversation ▬▬▬▬▬▬▬▬▬▬▬▬▬▬▬▬▬▬▬▬▬▬▬▬▬▬▬

Ⓐ What do you have to do today?
Ⓑ **I have to go on a business trip** to New York.

Ⓐ 오늘 뭐해야 돼?
Ⓑ 뉴욕으로 출장 가야 해.　　　　　　　　　　* go on a business trip 출장 가다

패턴 **97** **Thanks for...** ~해줘서 고마워요, ~에 감사해요

뭔가에 고마움을 전달하고자 할 때 Thank you for... 패턴으로 말해요.
좀 더 간단하게 줄여서 Thanks for...라고도 하죠.

ex **Thanks for** driving me home.　　　　　　　집까지 차 태워줘서 고마워요.
　　Thanks for inviting me.　　　　　　　　　초대해줘서 고마워요.
　　Thanks for your advice.　　　　　　　　　충고 고마워.

Short Conversation ▬▬▬▬▬▬▬▬▬▬▬▬▬▬▬▬▬▬▬▬▬▬▬▬▬▬▬

Ⓐ **Thanks for inviting me**.
Ⓑ My pleasure. Please make yourself at home.

Ⓐ 초대해줘서 고마워요.
Ⓑ 별말씀을요. 편하게 있으세요.　　　　　* make oneself at home 편하게 지내다

* 누군가를 집에 초대하게 되면 '편하게 있으세요.'라고 말하게 되죠. 네이티브들은 Please make yourself at home.이라고 표현해요. 스스로를 마치 자기 집에 있는 것처럼 만들라는 뜻이죠. 그만큼 편히 있으라는 얘기예요.

98 I have something to... ～이 있어요, ～할 게 있어요

할 일 있거나 살 게 있을 때 I have something to+동사원형.으로 표현할 수 있는데요, 여기서 to부정사(to+동사원형)는 앞에 나오는 something을 꾸며주는 형용사 역할을 해요.

> **I have something to** do at home. 집에서 할 일이 있어서 그래요.
> **I have something to** confess to you. 너에게 고백할 게 있어.
> **I have something to** finish by tomorrow. 내일까지 끝내야 할 게 있단 말이야.

Short Conversation

ⓐ Richard, why are you in such a hurry?
ⓑ **I have something to do at home** right now.

ⓐ 리처드, 왜 그렇게 서두르는 거예요?
ⓑ 지금 집에서 할 일이 있어서 그래요.

* in a hurry 급한

* 뭔가에 쫓기듯 서두르는 모습을 보이는 상대에게 Why are you in such a hurry?(왜 그렇게 서두르는 거예요?) 식으로 묻게 됩니다.

 99 I really enjoyed... ～이 정말 즐거웠어요

식사를 맛있게 했을 때나 즐거운 대화를 나눴을 때 '～이 정말 즐거웠어요'라고 말하게 되죠. 동사 enjoy를 넣어 표현합니다. 부사 really는 동사 enjoy를 수식해요. 일종의 강조 역할을 하는 거죠.

> **I really enjoyed** traveling with you today. 오늘 여행 정말 즐거웠어요.
> **I really enjoyed** talking with you. 애기 정말 잘 나눴습니다.
> **I really enjoyed** having lunch with you. 점심 정말 맛있게 먹었습니다.

Short Conversation

ⓐ **I really enjoyed having lunch with you**.
ⓑ Thank you, I'm glad you enjoyed it.

ⓐ 점심 정말 맛있게 먹었습니다.
ⓑ 고마워요, 맛있게 드셨다니 다행이네요.

* have lunch 점심 먹다

패턴 100 Have a... ~하세요, ~되세요

작별 인사로 네이티브들이 자주 사용하는 패턴이 Have a...이에요. Have a good one, Have a good day, Have a nice weekend.처럼 다양하게 표현할 수 있어요.

ex **Have a** good one. 　　　　　　　좋은 하루 되세요.
　　Have a good weekend. 　　　　　좋은 주말 되세요.
　　Have a nice trip. 　　　　　　　즐거운 여행 되세요.

Short Conversation

Ⓐ **Have a good one.**
Ⓑ You too. Catch you later.

Ⓐ 좋은 하루 되세요.
Ⓑ 당신도요. 나중에 봐요. 　　　　　　　* catch 붙잡다. 만나다

* 작별 인사로 하는 Have a good one.에서 one은 day, weekend, time을 의미해요. 상황에 따라 달라요.

Expression Practice

 66 ## What makes you say that? 왜 그런 말 하세요?

상대로부터 말도 안 되는 소리나 도무지 납득 안 가는 얘기들을 듣게 되면 그런 말을 하는 이유가 뭔지 궁금해 물어보게 됩니다. 의문사 why로 말하게 되면 좀 직설적인 느낌이 들어요. 때에 따라서는 좀 완곡하게 또는 부드럽게 돌려 물어봐야 해요.

ex Why do you say that?　　　　　　　　　　　　　　　　왜 그런 말 해?
　　 What makes you feel that way?　　　　　　　　　　왜 그렇게 느끼시죠?
　　 What makes you think so?　　　　　　　　　　　　　왜 그렇게 생각해?

Short Conversation

Ⓐ I think we should cancel our trip to Chicago.
Ⓑ **What makes you think so?** I don't understand.

Ⓐ 시카고 여행 취소해야 할 것 같아.
Ⓑ 왜 그렇게 생각해? 이해가 안 돼.　　　　　　　　　　　　　* cancel 취소하다

 67 ## That's enough for me. 그것만으로도 충분해요.

스스로 판단하기에 그 정도면 충분하다는 느낌이 들 때 That's enough for me.라고 해요. 여기서 enough는 상황에 따라 다양한 의미로 해석되죠.

ex Enough.　　　　　　　　　　　　　　　　　　　　　　　그만해.
　　 Enough is enough.　　　　　　　　　　　　이제 그만, 더 이상은 곤란해.
　　 Fair enough.　　　　　　　　　　(제안, 생각) 좋아, 그 정도면 됐어, 그럴 수 있지.

Short Conversation

Ⓐ I think you are so stubborn and cranky.
Ⓑ **Enough**. Now I've heard everything.

Ⓐ 넌 너무 고집 세고 까칠한 것 같아.
Ⓑ 그만해. 이제 별소릴 다 듣네.　　　　　　　　　* cranky 까칠한, 까다로운

* Now I've heard everything.(살다 보니 별소리 다 듣네)과 Now I've seen everything.(이제 별일 다 보겠네)을 함께 익혀두면 됩니다.

68 I'm kind of a heavy sleeper. 잠을 깊이 자는 편이거든요.

일단 잠자리에 들면 누가 엎어가도 모를 정도로 잠에 푹 빠져 자는 사람이 있어요.
영어로는 a heavy sleeper라고 하죠. 반대말은 a light sleeper예요.

> I'm a light sleeper.   잠을 자다 잘 깨는 편이에요.
> I have some trouble sleeping at night.   밤에 잠을 잘 못 자요.
> I slept like a log last night.   지난밤 푹 잤어.

Short Conversation

Ⓐ Are you a heavy sleeper?
Ⓑ No, I'm not. **I'm a light sleeper**.

Ⓐ 잠을 깊이 자는 편인가요?
Ⓑ 아뇨. 잠을 자다 잘 깨는 편이에요.   * heavy sleeper 깊이 잠자는 사람

 69 Same to you. 당신도요.

'좋은 하루 되세요.'라든지 '좋은 주말 보내세요.'라는 말을 듣게 되면 상대에게 '당신도요.'라
고 말하며 맞장구치게 됩니다. 바로 Same to you.예요. 간단하게 You too.처럼 표현할 수
있어요.

> You too.   당신도요.
> The same to you.   당신도요.
> Thank you.   고마워요.

Short Conversation

Ⓐ Have a good day, Peter.
Ⓑ **The same to you**.

Ⓐ 좋은 하루 되세요, 피터.
Ⓑ 당신도요.

See you around. 그럼 또 봐요.

작별 인사만큼 다양한 표현들은 없어요. See you around.는 '그럼 또 봐요.'의 뜻이에요.
만남의 아쉬움을 뒤로한 채 어쩔 수 없이 작별을 고해야 할 때 쓰이죠.

See you later.	나중에 봐요.
Catch you later.	나중에 봐.
So long.	안녕.

Short Conversation

Ⓐ I'm afraid I should get going now.

Ⓑ Okay. **See you later**.

Ⓐ 아무래도 지금 가야 할 것 같아요.

Ⓑ 알았어요. **나중에 봐요**.

* afraid 염려되는, 걱정인

영어 대사를 보며
우리말로 말해보세요!

우리말 대사를 보며
영어로 말해보세요!

S #01   만남

샘   안녕하세요.

신디   안녕하세요. *Nice to meet you.*

샘   저 역시 만나서 반갑습니다. *May I ask your name?*

신디   물론이죠. 신디예요. *I'm from New York.*
         이름이 어떻게 돼요? *How should I address you?*

샘   샘 박이에요. 샘이라 부르셔도 돼요. 시카고에서 왔습니다.
         I was born and raised in Chicago.

신디   샘 박? 혹시 아버지께서 한국분이세요?

샘   네, 맞아요. 아버지께서는 한국분이지만 어머님은 미국분이에요.

신디   오, 그래요.
         실은, 작년에 한국에 갔다 왔는데 *and I'm planning to visit once again this year.*

샘   *That sounds good.*
         솔직히, 한국에 가본 적은 없지만 *I've heard a lot about it from my father.*

신디   오, 정말요? 기회가 되면, 한국에 대해 많은 얘기를 듣고 싶어요.

샘   알겠어요. 나중에 얘기해 드리죠.
         I'm afraid I should get going now. 얘기 잘 나눴어요. 잘 가요.

신디   저 역시 얘기 잘 나눴어요. *Take care.*

S #02 안부

샘	*Look who's here!* 신디 아니에요? *I haven't seen you for ages.*
신디	샘? 다시 만나서 반가워요. *How have you been?*
샘	잘 지냈죠. 신디는요?
신디	*I've been busy with work lately,* 지금은 좀 여유가 생겼어요.
샘	다행이에요. *You haven't changed a bit.* *You still look healthy.*
신디	*Thank you for saying that.* 지난 몇 달 동안 운동하고 있었거든요.
샘	오, 그래요? *What kind of exercise have you been doing?*
신디	수영도 하고 요가도 하고 그랬어요. 재충전하기에는 운동이 제일 좋은 방법 같아요.
샘	네, 맞아요. 사실 전 시간이 없기 때문에 오랫동안 운동을 안 하고 있었거든요.
신디	몰랐네요. *Then why don't we swim together?*
샘	좋아요, 하지만 *I'm not good at swimming.*
신디	걱정 말아요. *If you don't mind, I'll teach you how to swim.*
샘	고마워요. *Then you name the time and place, please.*
신디	알았어요. 전화번호 가르쳐주면, 나중에 연락할게요.
샘	제 명함 여기 있어요. *You can call me anytime.* 아, 이제 가봐야겠네요.
신디	*Nice seeing you.*
샘	*Same here. Have a good day.*

S #03   전화

신디	안녕하세요. *Can I speak to Sam, please?*
샘	네. *This is Sam speaking. Who's calling?*
신디	안녕하세요, 샘. 신디예요. *Can you recognize my voice?*
샘	신디? 물론이죠. *What's up?*
신디	*I'm calling to see if you are free this afternoon.*
샘	오늘 오후에요?
신디	네. *Let's get together and go for a swim. What do you say?*
샘	좋죠, 하지만 *I've got a previous engagement.*
신디	오, 그래요. 몰랐네요.
샘	*I'm supposed to meet my friend and have lunch with him.* *I don't think today is a good day for me.* 정말 미안해요.
신디	괜찮아요. *No worries. You can take a rain check.*
샘	고마워요. *Why don't you join me for dinner tomorrow instead?*
신디	네, 좋아요. *What time shall we make it?*
샘	시간과 장소를 문자로 지금 찍어드릴게요.
신디	*I got it.* 고마워요. *I think you are so kind.*
샘	*I'm flattered.* 어쨌든, 전화 끊어야겠어요. 그때 봐요.
신디	네. 얘기 잘 나눴어요. 잘 있어요.

S #04 식사

샘	안녕하세요. 신디. 만나서 반가워요.
신디	안녕하세요. 저 역시 만나서 반가워요. 샘, *thank you for having me.*
샘	*My pleasure. I'm glad to have you here! Please sit down.*
신디	고마워요. *What have you been up to lately?*
샘	*Nothing in particular.* 당신은요?
신디	일 때문에 너무 바빴어요, 하지만 지금은 괜찮아요.
샘	잘됐네요. 그건 그렇고, *are you ready to order?* 좀 배고파 보이는 것 같은데요.
신디	제가요?
샘	네. 마치 그렇게 보여요.
신디	*I had to skip lunch today because of a meeting with my client.*
샘	오, 그래요. *Then, you must be really starving now, right?*
신디	네, 맞아요. 실은, *I'm starving to death.*
샘	*Here is the menu, please take a look at it. What would you like to have?*
신디	*Is there any kind of food you would like to recommend?*
샘	글쎄요, 이 레스토랑은 티본 스테이크로 유명하다고 들었습니다.
신디	*I'll have to try it then.* 배고프니 웨이터에게 빨리 부탁해 볼게요.
샘	알았어요. *That's fine. I don't mind.*
신디	이해해줘서 고마워요.
샘	*Thank you for your understanding.*
신디	*It's no big deal.*

S #05 약속

샘	신디, *how is your steak?*
신디	훌륭해요. 너무 부드럽고 맛있어요.
샘	마음에 든다니 다행이네요. *Would you care for a glass of wine?*
신디	고맙지만, 사양할래요.
샘	알겠어요. 그런데 말이에요, *do you have any plans for the weekend?*
신디	아니요, 딱히 없는데요. *I'm just going to stay home and relax.*
샘	오, 그래요. 그러면 토요일에 같이 영화 보러 가죠. *How does that sound?*
신디	좋아요. *As a matter of fact, I'm a movie fanatic.*
샘	정말이요? 몰랐네요. *How often do you watch movies in a week?*
신디	세네 번 정도요.
샘	와우, 꽤 되네요. *What type of movies do you like?*
신디	장르 가리지 않고 다 좋아해요. 특히, 로맨틱 코미디 영화를 정말 좋아하거든요.
샘	저도 그래요.
신디	*Who is your favorite movie star?*
샘	가장 좋아하는 영화배우는 짐 캐리예요. 정말 재미있는 사람 같아요. 코미디에 관한 한, 짐 캐리가 진정한 스타죠.
신디	*I couldn't agree more on that.* 저도 그를 좋아해요.
샘	*That's good to know.* 제가 미리 인터넷에서 영화표를 구입해야 할 것 같아요.
신디	알았어요. 고마워요. 대신 저녁 살게요.
샘	좋아요.

S #06 여가

샘	신디, *how was the movie?* 지루했어요 아니면 재밌었어요?
신디	*It was so funny that I couldn't stop laughing until the end of the movie.*
샘	재밌었다니 다행이네요. 짐 캐리가 영화 속에서 중요한 역할을 했던 것 같은데요.
신디	*I feel that way, too.* 진짜 유머가 넘치는 사람이었어요. 할리우드에서 코미디 배우로 활동할 수 있는 재능을 타고난 것 같아요.
샘	그 점에 대해서는 저도 동감해요. 그건 그렇고, *can I ask you something personal?*
신디	물론이죠, 물어보세요. *What is it that you want to ask me about?*
샘	여가 시간에 보통 뭐 하세요?
신디	여가 시간에, 집에서 영화 보거나 아이패드로 인터넷 검색하죠. 당신은요? 여가 시간에 뭐해요?
샘	*I go hiking with a friend of mine or* *sometimes I try to travel alone to another country.*
신디	*You must know exactly how to enjoy yourself in your free time, right?*
샘	그렇게 생각해요. 이봐요, 신디! 한가할 때 그 밖에 뭐 다른 거 하는 것 있어요? 영화 보는 거 말고요.
신디	네, 있어요. 가끔은 친구들 만나 쇼핑하거나 수다 떨어요.
샘	오, 그래요. 남자들보다는 여자들이 쇼핑과 수다를 더 좋아하는 거 같은데요.
신디	네, 맞아요. 그러나 *I'm not the kind of person who enjoys them that much.*
샘	*I can understand what you're trying to say.*
신디	어머, *Time flies.* 저녁 먹을 시간이에요. 나가서 멋진 레스토랑 찾아보죠. *Like I said, dinner is on me.*
샘	알았어요, 고마워요. *If you don't mind, let's eat some Italian food.* 근사한 레스토랑이 어디 있는지 알거든요.
신디	좋아요. *My mouth is already watering from just the thought of having some.*

S #07 산책

READY
ACTION

신디	샘, *how long will it take to get to that restaurant from here?*
샘	택시로 2분정도요.
신디	*Then I would rather walk than take a taxi.*
샘	왜요? *Is there anything wrong?*
신디	아니요, 제 말은, *it's just within walking distance from here, so I think we'd better walk.*
샘	*That makes sense.* 알았어요. 걸어서 거기 가죠.
신디	실은, *it's been a few weeks since I last went out at this time of the day.*
샘	최근에 상당히 바쁘셨겠어요, 그렇죠?
신디	그렇게 생각해요. 하지만 *that's the way it goes.*
샘	네, *you hit it right on the nose.* *As a matter of fact, I didn't have time to breathe until I finished my project as well.*
신디	오, 그래요. 샘, 어떤 계통의 일을 하는지 물어봐도 돼요?
샘	물론이죠, 컴퓨터업에 종사하고 있어요. 당신은요?
신디	*I'm a graphic designer.* 전 제 일을 너무나도 사랑해요.
샘	그렇다니 다행이네요.
신디	그런데 말이에요, 아직 도착하려면 멀었나요?
샘	네, *this is it.*
신디	와우, 근사해 보여요.
샘	어서요, 안으로 들어갑시다.

S #08 가족

샘	신디, *is it okay if I ask you about your family?*

샘 신디, *is it okay if I ask you about your family?*

신디 물론이죠. 알고 싶은 거 있으면 뭐든지 물어보세요.

샘 고마워요. *How many people are in your family?*

신디 *There are four in my family.*

샘 *Do you have any brothers or sisters?*

신디 언니가 있어요. 제가 막내거든요. 어렸을 때, 아빠가 절 많이 사랑했어요.
언니가 그것 때문에 절 시기하곤 했죠.

샘 오, 그래요. 실은, *I don't have any siblings. You see, I'm an only child. That's why I got all the love from my parents in my childhood.*
But these days as I get older, I feel lonely from time to time.

신디 *I know how you feel.* 기분이 처지거나 우울할 때마다 기분 전환으로 언니에게 전화해서 수다 떨어요.

샘 *You're so lucky,* 신디. *That's what sisters are for.*
If I were you, I would go out for a drink with my coworkers.

신디 정말이요? *I much prefer talking to drinking.*
By the way, Sam, do you call your parents very often?

샘 자주는 못해요. *That's because I'm always tied up with too much work.*
어때요, 신디는? *How frequently do you call your parents?*

신디 적어도 하루 한 번 정도는 전화해요.

샘 부모님에게 참 좋은 딸인 게 분명해요.

신디 글쎄요, 그러려고 노력은 하죠.

샘 이봐요, 신디! *If it is okay with you, I would like to take you to a place which is well-known for its beautiful scenery. What do you think?*

신디 *Could you let me sleep on it?*

샘 물론이죠. 결정되면 전화하세요.

신디 알겠어요, 그럴게요.

S #09 여행

신디	*I'm sorry to have kept you waiting.*
샘	*That's all right. Don't worry.*
신디	*Have you been waiting long?*
샘	아니요, *I just got here.* 어서요, 제 차에 타시죠. 그곳까지 모셔다드릴게요. 빨리 타세요.
신디	고마워요. 샘, *do you know how far it is from here to there?*
샘	네, 차로 20분만 가면 돼요.
신디	정말이요? 생각보다는 훨씬 가깝네요.
샘	*I have been there with my family several times before.*
신디	어땠어요? 멋졌어요?
샘	*It took my breath away.* *That's why I wanted to strongly recommend that place to you.*
신디	그렇게 해줘서 고마워요.
샘	천만에요. 거의 다 왔어요. 여기에요.
신디	와우, 멋있어요. 솔직히 말하면, 제가 본 장소 중에서 가장 아름다운 곳이에요.
샘	*Do you mean it?*
신디	네, 진담이에요.
샘	마음에 든다니 다행이네요. 실은, *I know this place like the back of my hand.*
신디	*Then what do you say to showing me around?*
샘	물론이죠. 원하신다면, *I'll be happy to do that for you.*
신디	고마워요.
샘	천만에요. 신디, *please follow me.*
신디	알았어요. 자, 가죠.

S #10 운동

신디	샘, 이곳에 데리고 와줘서 기뻐요. 이곳 너무 멋있어요. 마음이 차분해지고 편안해져요.
샘	*I thought you would love it.*
신디	*I don't know how to repay you for all this.*
샘	글쎄요, *it's nothing.* 신디, *you don't have to repay me anything.* 친구 좋다는 게 뭐예요.
신디	관대하면서도 친절하시네요.
샘	고마워요, 하지만 *don't flatter me too much.*
신디	그런데 말이에요, *do you like sports?*
샘	네, 좋아하죠. 가장 좋아하는 스포츠가 농구예요. 재밌고 흥미롭거든요. 당신은요?
신디	*Like I said,* 수영을 가장 좋아하는데요. 하지만 요즘, *I'm getting interested in basketball. It's very exciting.*
샘	친구들과 경기하는 것을 좋아한다는 얘긴가요?
신디	아니요, 그냥 *TV*로 보는 건만 좋아해요. *I don't think I'm good at basketball.*
샘	오, 그래요. *Who is your favorite basketball player?* 어떻게 생겼어요?
신디	글쎄요, *I can't remember his name exactly, but he's tall and good-looking.* 그리고 게다가 농구가 뭔지를 아는 선수예요. 샘, 좋아하는 스포츠 선수 있어요?
샘	네, 야구 선수 추신수를 좋아해요. 지금 텍사스 레인저스팀 소속이죠. 팀 승리에 크게 기여하고 있는 것 같아요.
신디	*Are you sure about that?*
샘	네, 물론이죠. 늘 *TV*로 그의 시합을 시청하는데, 시합 내용이 믿을 수 없을 만큼 대단하기 때문이에요.
신디	당신이 그렇다면 그런 거겠죠. *That really tells a story.*

S #11   귀가

샘	이런, *it's time to go home.*
신디	네, 정말 그러네요.
샘	재밌으면 시간이 빨리 가죠.
신디	네, 맞아요.
샘	*Did you have a good time today?*
신디	네. 당신 덕택으로 멋진 시간 보냈어요. 이 여행이 예상했던 것만큼 좋았 거든요. *So I would like to thank you for everything you've done for me.*
샘	별말씀을요.
신디	기회가 되면, 친구를 이 장소로 데려오고 싶어요. 너무 깨끗하고 평화스러워요.
샘	좋은 생각이에요. 이봐요, 신디! *I was wondering if I could give you a ride home.* 제 말은, 집까지 차로 바래다줄게요. *It looks like it's going to rain soon.*
신디	오, 정말이요? 고마워요. 여기 제 수소예요. 당신은 저에게 늘 잘해주는 것 같아요.
샘	과찬이세요. 별거 아니에요. *I just wanted to be a good friend to you. That's all.* 그 건 그렇고, *fasten your seat belt, please.*
신디	오, 미안해요. 출발할 준비 됐는지 몰랐어요.
샘	괜찮아요. 안전벨트 매는 거 도와줄게요.
신디	*That's very kind of you.*
샘	천만에요. *Let's hit the road, shall we?*
신디	알았어요. 하지만 *I want you to drive carefully because it might rain on our way* *back home.*
샘	걱정 말아요. 전 운전 잘하거든요.

S #12 작별

신디	이곳이 제가 사는 곳이에요. 여기서 내려주세요.
샘	와우, *I love your place. When did you buy this beautiful house?*
신디	사무실에서 걸어갈 수 있는 거리에 위치했기에 지난 4월에 구입했어요.
샘	부러워요, 신디.
신디	오, 정말이요? *What makes you say that?*
샘	*I have to wake up early every morning to take the shuttle bus to work.* 그 이유로 특히 주중에는 잠을 충분히 못 자요.
신디	안됐군요.
샘	그래서 주말에는 잠을 보충하려고 하죠.
신디	제 경우에는, 하루 8시간 이하로 자는데요. *That's enough for me. I'm kind of a heavy sleeper.*
샘	오, 그래요. 전 잠을 설치는 편이에요.
신디	*Anyway, thanks for driving me home.*
샘	천만에요. 신디, 이제 가야 할 것 같아요. *I have something to do at home.*
신디	알겠어요. *I really enjoyed traveling with you today.*
샘	즐거웠다니 다행이네요.
신디	*Have a good one.*
샘	*Same to you. See you around.*

S #01   Meeting new people

Sam   Hello.

Cindy   Hi. 만나서 반가워요.

Sam   Nice to meet you, too. 이름을 물어봐도 될까요?

Cindy   Sure. I'm Cindy. 뉴욕에서 왔어요. What about you? 뭐라고 부를까요?

Sam   I'm Sam Park. You can call me Sam. I'm from Chicago.
         시카고에서 태어나고 자랐어요.

Cindy   Sam Park? Is your father Korean or something?

Sam   Yes, that's right. My father is Korean, but my mother is American.

Cindy   Oh, I see. Actually, I went to Korea last year and 올해 한 번 더 방문할 생각이에요.

Sam   괜찮은 생각이네요. Honestly, I've never been to Korea, but 아버지로부터 한국에 대해 많이 들었어요.

Cindy   Oh, really? If I have an opportunity, I would like to hear a lot
         about Korea from you.

Sam   Okay. I'll let you know later. 이제 가봐야겠네요. Nice talking to you. Bye.

Cindy   Nice talking to you, too. 조심히 가세요.

S #02　Saying hello

Sam	이게 누구예요! Cindy? 오랜만이에요.
Cindy	Sam? Good to see you again. 그동안 어떻게 지냈어요?
Sam	I have been doing well. What about you?
Cindy	최근에 일 때문에 정신없었지만, but I'm kind of free now.
Sam	Good. 예전이나 지금이나 변한 게 하나도 없군요. 여전히 건강해 보여요.
Cindy	말이라도 고마워요. I've been exercising for the past few months.
Sam	Oh, really? 어떤 운동 하고 있었는데요?
Cindy	I have been swimming and doing yoga. I think exercising is the best way to refresh myself.
Sam	Yes, that's right. In fact, I haven't been exercising due to having no time.
Cindy	I didn't know that. 그러면 저와 함께 수영하는 게 어때요?
Sam	Sounds good, but 전 수영이 젬병이라.
Cindy	Don't worry. 괜찮다면 제가 수영하는 거 가르쳐 드릴게요.
Sam	Thanks. 그러면 시간과 장소만 얘기해 주세요.
Cindy	Okay. If you let me know your number, I'll call you later.
Sam	Here is my name card. 아무 때나 전화해도 돼요. Well, I should go now.
Cindy	만나서 반가웠어요.
Sam	저도요. 좋은 하루 보내세요.

S #03   Making a phone call

Cindy   Hello? 샘과 통화할 수 있을까요?

Sam   Yes. 샘입니다. 전화하신 분 누구시죠?

Cindy   Hi, Sam. This is Cindy. 제 목소리 알아보시겠어요?

Sam   Cindy? Of course. 무슨 일이에요?

Cindy   오늘 오후 시간되는지 알아보려고 전화했어요.

Sam   This afternoon?

Cindy   Yes. 함께 모여 수영하러 가요, 어때요?

Sam   I'd like to, but 선약이 있어요.

Cindy   Oh, I see. I didn't know that.

Sam   친구 만나 점심 같이 먹어야 되거든요. 오늘은 힘들 것 같네요. I'm so sorry.

Cindy   That's okay. 걱정 말아요. 다음 기회로 미루면 돼요.

Sam   Thanks. 대신 내일 함께 저녁 같이하는 게 어때요?

Cindy   Yes, that sounds good. 몇 시에 만날까요?

Sam   I'll text you with the time and place right now.

Cindy   알았어요. Thank you. 정말 친절하신 분 같군요.

Sam   과찬이세요. Anyway, I'm afraid I gotta go. See you then.

Cindy   Okay. Nice talking to you. Bye.

S #04 Having a meal

Sam	Hi, Cindy. Nice to see you.
Cindy	Hi. Nice to see you, too. Sam, 초대해주셔서 고마워요.
Sam	별말씀을요. 와줘서 기뻐요. 앉으세요.
Cindy	Thanks. 최근에 뭐하며 지냈어요?
Sam	별일 없었어요. What about you?
Cindy	I've been pretty busy with work, but I'm just fine now.
Sam	Good. Anyway, 주문할 준비 됐어요? I think you look a little hungry.
Cindy	Do I?
Sam	Yes. You look as though you are.
Cindy	오늘 고객과 모임 때문에 점심 굶어야만 했어요.
Sam	Oh, I see. 그러면 지금 정말 배고픈 게 틀림없겠군요, 맞죠?
Cindy	Yes, that's right. In fact, 배고파 죽겠어요.
Sam	메뉴판 여기 있어요. 보세요. 뭐 드시겠어요?
Cindy	저에게 추천해 주고 싶은 어떤 음식이라도 있어요?
Sam	Well, I heard this restaurant is known for its T-bone steak.
Sam	그렇다면 한 번 먹어봐야겠어요. I'll just tell the waiter we're hungry.
Cindy	Okay. 좋습니다. 전 상관없거든요.
Sam	Thank you for your understanding.
Cindy	별 거 아니에요.

S #05 Making a suggestion

Sam   Cindy, 스테이크 어때요?

Cindy   Great. I mean, it's very tender and delicious.

Sam   I'm glad you like it. 와인 한 잔 하시겠어요?

Cindy   No, thanks. I'd better not.

Sam   Okay. By the way, 주말에 무슨 계획 있어요?

Cindy   No, not really. 그냥 집에 머물면서 쉬려고요.

Sam   Oh, I see. Then let's go to the movies together on Saturday. 어때요?

Cindy   Sounds great. 실은, 제가 영화광이거든요.

Sam   Really? I didn't know that. 일주일에 얼마나 자주 영화 보세요?

Cindy   About three or four times.

Sam   Wow, that's quite a bit. 어떤 영화 좋아하시는데요?

Cindy   I like all kinds of movies. I especially love romantic comedies.

Sam   So do I.

Cindy   제일 좋아하는 영화배우가 누군데요?

Sam   My favorite movie star is Jim Carrey. I think he's so hilarious.
When it comes to comedies, Jim Carrey is a real star.

Cindy   그 점에 대해서는 전적으로 동의해요. I like him, too.

Sam   듣던 중 반가운 소리네요. I think I'll have to purchase tickets ahead of time online.

Cindy   Okay. Thanks. I'll buy you dinner in return.

Sam   Deal.

S #06   Leisure

Sam	Cindy, 영화는 어땠어요? Was it boring or funny?
Cindy	너무 재밌어서 영화 끝날 때까지 웃음을 멈출 수가 없었어요.
Sam	I'm glad you enjoyed it. Jim Carrey played a great role in the movie, I guess.
Cindy	저 역시 그렇게 느껴요. He was so hilarious. I think he's gifted with a talent for acting as a comedic actor in Hollywood.
Sam	I'm with you on that. By the way, 개인적인 질문 좀 해도 돼요?
Cindy	Of course, go ahead. 묻고 싶은 게 뭐죠?
Sam	What do you usually do in your free time?
Cindy	In my free time, I watch movies at home or surf the net with my iPad. What about you? What do you do in your leisure time?
Sam	친구랑 하이킹 하거나 때로는 혼자서 다른 나라로 여행 가려고 하죠.
Cindy	여가 시간에 어떻게 즐거운 시간을 보내는지 정확히 아는 게 틀림없어요, 맞죠?
Sam	I think so. Hey, Cindy! Is there anything else you do when you have some free time? I mean, besides watching movies.
Cindy	Yes, there is. Sometimes I meet my friends to go shopping or chat with.
Sam	Oh, I see. I think women like shopping and chatting more than men.
Cindy	Yes, exactly. But 전 그렇게 많이 즐기는 편은 아니네요.
Sam	무슨 말 하려는지 이해할 수 있어요.
Cindy	Oops! 시간 빠르네요. It's about time to have dinner. Let's get out and find a fancy restaurant. 말씀 드린 것처럼, 저녁은 제가 살게요.
Sam	Okay, thank you. 괜찮다면, 이탈리아 음식 먹어요. I know where a good restaurant is.
Cindy	That sounds good. 먹을 생각만 해도 이미 군침이 도네요.

S #07   *Taking a walk*

Cindy   Sam, 여기서 그 레스토랑까지 가는 데 얼마나 걸려요?

Sam   Just about two minutes by taxi, I guess.

Cindy   그러면 택시 타는 것 보다 걷는 게 낫겠네요.

Sam   Why? 무슨 일 있어요?

Cindy   No, I mean, 여기서 걸어서 갈 수 있는 거리니깐, 걷는 게 나을 것 같아요.

Sam   일리가 있네요. Okay, let's walk there.

Cindy   In fact, 이맘때 마지막으로 외출한 것이 몇 주 만이거든요.

Sam   You must have been pretty busy lately, right?

Cindy   I think so. But 사는 게 다 그렇죠! 뭐.

Sam   Yeah, 맞는 말이에요. 사실은, 저 역시 프로젝트 끝날 때까지 숨 쉴 틈조차도 없었어요.

Cindy   Oh, I see. Sam, can I ask what line of work you are in?

Sam   Sure, I'm in the computer industry. Cindy, how about yourself?

Cindy   그래픽 디자이너예요. I love my job so much.

Sam   That's good to know.

Cindy   Anyway, are we there yet?

Sam   Yes, 다 왔어요. 여기에요.

Cindy   Wow, it looks awesome.

Sam   Come on. Let's go inside, shall we?

S #08   Family

Sam   Cindy, 가족에 대해 물어봐도 될까요?

Cindy   Sure, you can ask me whatever you want to know.

Sam   Thanks. 가족이 몇 명이에요?

Cindy   네 명이에요.

Sam   혹시 형제자매 있어요?

Cindy   I have an elder sister. I'm the youngest daughter in my family. When I was a kid, my father loved me a lot. So my sister used to be jealous of me for that.

Sam   Oh, I see. Honestly, 형제가 없어요. 전 외동이거든요. 그 때문에 어린 시절에 부모님으로부터 사랑을 한 몸에 받았어요. 하지만 요즘 점점 나이가 들어가면서, 종종 외로움을 느껴요.

Cindy   그 기분 이해해요. Whenever I feel depressed or blue, I try to call my sister and have a chat with her over the phone to make myself feel better.

Sam   부러워요, Cindy. 언니 좋다는 게 뭐예요. 저라면, 직장 동료들과 나가 술 마실거예요.

Cindy   Really? 전 술 보다는 얘기하는 게 훨씬 좋아요. 그런데 말이에요, 샘, 부모님께 자주 전화하세요?

Sam   Not really. 늘 항상 많은 업무에 시달리고 있기 때문이에요. What about you, Cindy? 얼마나 자주 부모님께 전화 드리세요?

Cindy   I call them at least once a day.

Sam   You must be a good daughter to your parents.

Cindy   Well, I try to be.

Sam   Hey, Cindy! 괜찮으시다면, 아름다운 풍경으로 잘 알려진 곳으로 안내해드리고 싶어요. 어때요?

Cindy   생각할 시간 좀 주시겠어요?

Sam   Of course. Please call me when you decide.

Cindy   Okay, I will.

S #09 Trips

Cindy   기다리게 해서 죄송해요.

Sam   괜찮아요. 걱정 말아요.

Cindy   오래 기다렸어요?

Sam   No, 방금 도착했어요. Come on, please get in my car. I'll take you there. Please hop in.

Cindy   Thanks. Sam, 여기서 거기까지 얼마나 먼지 알아요?

Sam   Yes, I do. It's only a 20-minute drive.

Cindy   Really? It's much closer than I thought.

Sam   전에 가족과 여러 번 그곳에 갔었거든요.

Cindy   So how was it? Was it great?

Sam   정말 환상적이었어요. 그 때문에 그곳을 당신에게 적극적으로 권하고 싶었던 거예요.

Cindy   Thank you for doing that.

Sam   My pleasure. We're almost there. This is it.

Cindy   Wow, awesome. To be honest, this is the most beautiful place I've ever seen.

Sam   진심이세요?

Cindy   Yes, I mean it.

Sam   I'm glad you like it. In fact, 이곳을 속속들이 알고 있거든요.

Cindy   그러면 절 좀 안내해 주시죠?

Sam   Sure, no problem. If you want, 기꺼이 그렇게 해 드리죠.

Cindy   Thank you.

Sam   Don't mention it. Cindy, 절 따라오세요.

Cindy   Okay. Let's go.

S #10   Sports

Cindy	Sam, I'm glad you brought me here. This place is so amazing. It makes me feel calm and relaxed.
Sam	마음에 들 거라 생각했어요.
Cindy	이 모든 걸 어떻게 보답해야 할지 모르겠네요.
Sam	Well, 별것도 아닌데요, 뭐. Cindy, 아무것도 보답할 필요 없어요. That's what friends are for.
Cindy	You are so generous and kind.
Sam	Thanks, but 비행기 너무 태우지 말아요.
Cindy	By the way, 스포츠 좋아하세요?
Sam	Yes, I do. Baseball is my favorite sport. It's fun and exciting. What about you?
Cindy	전에 얘기 했던 것처럼, I like swimming the most. But these days, 농구에 관심이 점점 가고 있어요. 정말 신나요.
Sam	You mean you like to play it with your friends?
Cindy	No, no. I mean, I just like watching it on TV. 농구에 소질이 없거든요.
Sam	Oh, I see. 가장 좋아하는 농구 선수가 누구죠? What does he look like?
Cindy	Well, 이름은 정확히 기억나진 않지만, 키가 크고 잘생겼어요. And he knows how to play as well. Sam, is there any sports player you like?
Sam	Yes, I like Chu Sin-su, a baseball player. He is now on the Texas Rangers. I think he plays an important role in his team's victories.
Cindy	정말이에요?
Sam	Yes, of course. Because I watch his games on TV all the time and what he does is unbelievable.
Cindy	If you say so. 이제야 좀 감이 잡히네요.

S #11   Returning home

Sam	Oops, 집에 갈 시간이네요.
Cindy	Yes, indeed.
Sam	You know, time goes fast when we're having fun.
Cindy	Yes, exactly.
Sam	오늘 좋은 시간 보냈어요?
Cindy	Yes, I did. I had a great time, thanks to you. This trip was as good as I expected. 그동안 정말 감사했어요.
Sam	The pleasure is all mine.
Cindy	If I have an opportunity, I would like to bring a friend along with me to this place. It's so clean and peaceful.
Sam	That's a good idea. Hey, Cindy! 차로 집까지 바래다 줄 수 있을까 해서요. I mean, give you a lift home in my car to your house. 곧 비 올 것 같아요.
Cindy	Oh, really? Thank you. Here is my home address. I think you are always kind to me.
Sam	You overpraise me. It's nothing. 그저 좋은 친구가 되고 싶었을 뿐이에요. 그게 전부예요. Anyway, 안전벨트 매세요.
Cindy	Oh, I'm sorry. I didn't know we were ready to leave.
Sam	That's okay. Let me help you fasten your seat belt.
Cindy	고마워요.
Sam	My pleasure. 자, 출발합시다.
Cindy	Okay. But 집으로 돌아가는 길에 비 올 수 있기 때문에 조심해서 운전 했으면 해요.
Sam	Don't worry. I'm a good driver.

S #12   Saying goodbye

Cindy	This is where I live. Please drop me off here.
Sam	Wow, 집이 굉장해요. 이 아름다운 집을 언제 샀어요?
Cindy	I purchased it last April because it was located within walking distance from my office.
Sam	You are so lucky, Cindy.
Cindy	Oh, really? 왜 그런 말 하세요?
Sam	통근버스 타고 출근하려면 매일 아침에 일찍 일어나야 하거든요. That's why I don't have enough sleep, especially during the weekdays.
Cindy	That's too bad.
Sam	So I try to catch up on my sleep on the weekends.
Cindy	In my case, I sleep less than 8 hours a day. 그것만으로도 충분해요. 잠을 깊이 자는 편이거든요.
Sam	Oh, I see. I'm a light sleeper.
Cindy	아무튼, 집까지 차 태워줘서서 고마워요.
Sam	You're welcome. Cindy, I'm afraid I have to go now because 집에서 할 일이 있어서 그래요.
Cindy	Okay. 오늘 여행 정말 즐거웠어요.
Sam	I'm glad you enjoyed it.
Cindy	좋은 하루 되세요.
Sam	당신도요. 그럼 또 봐요.

이번엔
영어다!

0순위

스크린

영어회화